MYNAVI
BUNKO

ビジネスでもプライベートでも

知っておきたい マナーの基本

西出ひろ子 著

JN127752

マイナビ

はじめに

今、貴女は恋をしていますか？

今、貴女は恋愛をしていますか？

今、貴女は愛する人がいますか？

今、貴女は幸せですか？

今、貴女は愛されていますか？

本書は、貴女がビジネスシーンでもプライベートシーンでも、人や仕事に恋をして、その恋が愛となって成就し、貴女が愛されて幸せになるためのマナーを紹介しています。

女性がいくつになっても輝ける条件は、ドキドキするときめく気持ちを持っていること。ときめきの対象は異性かもしれないし、憧れの俳優さんかもしれません。また、その対象はお仕事かもしれませんね。

恋とは自分勝手に一方的に相手にドキドキすること。でも、この恋に愛がプラスされる恋愛になったら、貴女は相手のことを気遣い、思いやるマナー（愛）をもって接するようになります。

そう、マナーとは、相手を思いやる透明で温かく深い愛なのです。だから、形だけにとらわれるマナーではなく、心を大切にする真のマナーを身につけることは、貴女の恋愛も仕事も成就させるのです。

マナーを身につけるとどうして愛されて幸せになれるかって？

私は21歳のときに、マナー講師になりたいという夢と出会いました。その夢を現実にするために、20代はひたすら仕事をし、マナー講師になるための勉強もしました。27歳で念願のマナー講師として独立をしましたが、仕事はありません。生活のため、平日は派遣社員として勤務し、土日祝日に大好きなマナーの仕事を細々と行っていました。28歳のときには、突然、婚約破棄をされ、29歳で父が他界。私はこれからどうなるのだろう？と八方塞がりの真っ暗闇の時代でした。

でも、今の私はとても幸せです。そして、私の人生を振り返り、幸せになれた理由を考えたとき、どんなに辛く苦しいときでも、大好きなマナーの勉強と仕事を辞めずに行い続けた私がそこにはいました。マナーは愛、心、気持ち、というマナーの真髄を忘れずに意識をしながら生活をしました。だから、私は貴女に自信を持ってハッピーになるマナーをお伝えできます。

結婚を考える年代の男性であれば、貴女の内面を重視します。その上で、和食を美しく食べる姿や、親や上司に紹介をしたときの立ち居振る舞いが自然で美しく、また、相手を思いやる言葉遣いや話し方などのマナーの形が身についていれば、彼は一生、貴女を大切に愛してくれることでしょう。

ただし、愛される前に、マナー美人の貴女は先手で相手に対してマナーをもって接し愛することを身につけているはず。さぁ！愛される貴女のハッピーマナーのはじまりです。

Contents

Ⅱ 食事のマナー

Ⅲ おつきあいのマナー

マナーは、さまざまな流派や国によって、その『形・型』が異なります。たとえば、ふすまの開け方ひとつにしても、礼法と茶道などの流派によって、その開け方はさまざまです。本書では、さまざまな礼法、流派の『形・型』を知った上で、一般的に広まっている型やもっとも理にかなっている形をお伝えいたします。

このように、マナーは国や流派などによって、その表現は諸説ありますが、変わらないものがあります。それは、私たちの『心』です。本来のマナーとは、相手に対する思いやりの心です。しかしながら、心は相手には見えません。だから、その心・気持ちを言葉や行動、物という形にして伝えるわけです。そして、前述のとおり、その形は、世界各国や、日本国内においても、地域や流派などによってさまざまであり、異なります。大切なことは、知識としてさまざまなマナーの形を知り、身につけた上で、相手やその状況に応じて、みんなが幸せを感じるマナーの心を表現することです。そうすることで、貴女自身も幸せになれます。

マナーは、相手も貴女もみんなが幸せになるために必要なのです。

本書は、『愛される女性のハッピーマナー』(2008年10月/DHC刊)を加筆修正し、文庫化したものです。

※マナーコミュニケーションおよび先手必笑は西出博子の登録商標です。

I

輝く人の美しいマナー

出会いの挨拶

【微笑みチェック】

初めて誰かと会ったとき。

貴女はどんな表情をしていますか？

第一印象で人から好感を持ってもらうことは、女性としての自信がつきます。自信のある女性はしっかりと相手の目を微笑みながら見ることができます。微笑まれた相手は、もう貴女の虜《とりこ》となるでしょう。

ビジネスシーンでもプライベートシーンでも、私たちは日々、誰かと出会っています。世界の人口は現在約74億人（2017年12月30日現在）。一生の中で、私たちはそのうちの何人の人と出会い、挨拶をし、話をし、おつきあいをするのでしょうか？

このように考えると、今の貴女の出会いは奇跡のように輝くもの。この輝きをさらに輝かせる第一歩が“挨拶”です。挨拶とは、相手に対して心をひらいてお近づきをすること。だから、挨拶は待っていないで、貴女から先に、先手でコミュニケーションをとることが愛されるスタートとなります。

愛される出会いの挨拶のポイントは、微笑み。さぁ、今すぐ鏡で貴女の微笑みをチェックしましょう。愛される微笑みのポイントは目を微笑ませることです。愛され美人の微笑みは、決して口角を上げることではありません。目が微笑んでいれば、自然と口角は上がるのです。そして、究極の微笑みは、貴女の心が優しく微笑んでいること。

貴女の笑顔で元気になったり、癒される人がいます。幸せな出会いは、貴女の微笑みから始まります。

挨拶のしかた

背筋を伸ばし、微笑んだ目で相手を見て、挨拶しましょう。

上体の傾け具合で貴女の気持ちを表しましょう。

お辞儀のあとは、また微笑みで終了♡

【気持ちの込もった挨拶を】

出会いの挨拶は、「はじめまして」。英語では“Nice to meet you”と言います。単純に意味を訳すと「あなたに会えたことは素晴らしい」となりますね。「はじめまして」という初対面の日本語にも、この英訳の気持ちが込められています。だって、その瞬間は74億分の1の確率で出会ったのですから。だからこそ、挨拶はその出会いに感謝の気持ちをこめて、言葉を発し、その気持ちを行動や態度で表現します。

「あなたに会えて光栄です」という気持ちがあれば、自然と微笑みの表情になります。そうすると、相手に「感じの良い女性だな。もっと話がしてみたい」と思ってもらえる貴女になれます。

別れの挨拶は、「本日は貴重なお時間を割いて下さり、大変ありがとうございました」「今日はとても愉しかったです」など心からの感謝の気持ちを込めて、その気持ちを言葉と動作・行動で表現します。すると、「また会いたいな」と相手に思ってもらえる貴女になれるはず。

気持ちを込めて言葉を発したら、次に動作に移ります。日本では“お辞儀”という動作を行いますね。女性の美しいお辞儀のポイントは、両足のつま先とかかとをつけて、指は美しくそろえます。背筋を伸ばし、微笑んだ目で相手を見て、挨拶の言葉を発します。そのあとに、頭の上から腰を一直線にして、上体を腰から曲げます。上体を前へと傾けた位置でひと呼吸おき、手は前で組みます。その後、ゆっくりと上体を元に戻し、最後は微笑みで終了。貴女の気持ち分、上体を深く前に傾けると、より好感度アップです。海外では握手やハグで気持ちを表現します。女性の握手は、エレガントに優しく握ります。

装いのマナー

●カーブ型

柔らかい丸みのあるカーブが顔と体の両方に。カーブは上腕より外側に出ています。全体の体型が数字の8に見えます。

●ハート型

肩は広くて丸みがあります。上腕部分が体のどの部分よりも横幅があります。腰は細くて高い位置にあります。

●イレプス型

肩から太股にかけて全体がオーバル型に見えます。ウエストは、肩、ヒップ、太股よりも幅があります。

●ペア型

梨の形のように肩は細くヒップが大きい体型です。

●ストレート型

肩から太股にかけて長方形か正方形に見えます。体に曲線がなくいかり肩で腰が小さい。腰と太股の幅が同じです。

●アンギュラー型

丸みのない細い腰と太股。その割に肩幅が広く腰位置が高い。痩せていて、体型は直線的で丸みがありません。

出会いは、友人の結婚披露宴であるかもしれないし、通勤途中にあるかもしれません。人は出会ったその瞬間、挨拶をする前に、視覚から入ってくる表情や服装、メイク、髪型などの外面の印象から、まずは貴女を評価します。

どんなに素敵な笑顔の人でも、季節や場所などにマッチしていない装いをしていると、相手は貴女に対して「こんな常識も知らないの?」と不信感を持ってしまうでしょう。さらに、結婚生活や育児をする立場になったとき、装いのマナーを知っていないと、旦那様や子どもに恥をかかせることにも。

したがって、装いのマナーは、貴女を素敵に見せ、貴女が周囲の人たちから高く評価をされるための教養・知識として身につけておきましょう。お祝い時やお悔やみ時など、状況別の装いのマナーについては、それぞれのページで紹介します。

状況別の装いのマナーを知る前に、もっとも大切なことは、「自分を知る」ことです。それは、貴女の体型や、似合う色のこと。自分の体型に合った服装をし、自分に合った色を身につけている人はより一層の輝きを発します。これは、自分の好きなデザインや色を身につけるという自分軸の考えから、他人から見てどのように思われるか、という他人軸の目線で物事を考えるマナーの根本的な考え方からなるものです。体型は、カーブ型、ハート型、イレプス型、ペア型、ストレート型、アンギュラー型の6つに分類され、色は、人を春夏秋冬の4パターンに分類します。それぞれの体型や肌の色に合ったデザインや色があるので、自分のパターンを知っておくとより一層、人から好感を持ってもらえる自分を演出することができます。

愛され美人は お返事美人

明るい表情で、声に張りがある「はい!」のお返事は、まわりの雰囲気まで明るくします。

どんなときでも、どんな場所でも、名前を呼ばれて、感じよく「はい！」と言える人はみんなから愛される人です。それは、「はい！」と感じ良く言うときは明るい表情で、声のトーンにも張りがあるため、周囲の人たちの気持ちまで明るくしてくれるからです。

美人＝美しい人とは、内面が美しい人のことです。内面が美しい人の共通事項は“相手の立場にたつというマナーある思いやりと優しさ”を持っていること。貴女が誰かを呼んで、その人が返事をしてくれなかったら、貴女はどのような気持ちになりますか？「無視された…」とネガティブな感情が生まれませんか？

マナーはお互いをハッピーにしてくれる愛です。感じの良い「はい」という返事で、常日頃から互いにハッピーを生みだしましょう。

例えば、職場で上司や先輩、同僚、お客様などから呼ばれたら「はい！」と言って、メモを持ってそばに行きます。デート中に名前を呼ばれたら、いつもは「なぁに？」と言っているセリフを「はい♡」とチャーミングに彼の顔を見て言ってみると、彼はドキッとするはず。照れ隠しで「なんだよ、その返事」なんて言うかもしれないけれど、彼の気持ちはかなり上昇していること間違いなし。家庭でも同様です。「おい」と言われて「はい♪」と感じの良い返事ができる女性は、究極のマナー美人。子どもも貴女の感じの良い返事を真似して愛される人になるでしょう。そして、「おい」と言っていた人も、貴女のマナーに感化されて「おい」なんて言わなくなるはずです。

伝えたい言葉の前にトッピング♪

【クッション言葉】

「本日はお越し下さりありがとうございます」と感謝の気持ちを伝えるとき、マナー美人の貴女だったらどう言いますか？

「本日は**ご多忙の中**、お越し下さりありがとうございます」「本日は**お足元の悪い中**、お越し下さりありがとうございます」などと言っていると思います。「ご多忙の中」「お足元の悪い中」というセリフは、相手の立場にたつからこそ、添えることのできるひと言ですね。

このように、メインで伝えたい言葉の前に、相手の立場にたつからこそトッピングする言葉のことを“クッション言葉”といいます。クッション言葉を用いたマナーあるコミュニケーションをとってもらうと、言われた人は自分のことをとても丁寧に思ってもらっていると感じ、貴女に対して心をひらいて好意をいだきます。

人と人とがコミュニケーションをとるとき、互いに心をひらいていないと、真のコミュニケーション、すなわち、真の人間関係を築くことはできません。どんな場面であろうとも、何かの縁で出会い、会話をする以上は、最低限、相手を不快にさせない自分でいたいもの。だからこそ、相手に対して先手で心をひらいて、相手の立場にたつからこそ出てくるひと言をトッピングするのです。

クッション言葉には、「**お手数ですが**、こちらにご記入いただけますか？」「**ご面倒かと存じますが**、再度、お越し願えますでしょうか？」「**お暑い中（お寒い中）**、お越し下さりありがとうございます」など、相手の状況に応じた言葉がたくさんあります。

美しい関係を築く感謝の言葉

【感謝の気持ちを忘れずに】

「あのひと言さえ言ってくれれば、こんなことにはならなかったのに」。ビジネスシーンでもプライベートシーンでも、人と人とが接する中で、私たちは自分の望みどおりの言葉を相手から言って欲しいという欲求や願望があります。その言葉をドンピシャで言われたら、貴女の心は満たされ、その相手とずっとおつきあいをしたいと思うでしょう。それは、相手も同じこと。

人に何かをしてもらったり、言ってもらったら、「ありがとう」を伝えましょう。私が英国で生活をしていた頃、生活の中には「ありがとう」の花束がたくさんありました。レストランでお店の人がメニューや料理を持ってきたら、お客さんはきちんと相手の目を見て“Thank you”を伝えます。さらには、電話を切るときも“Thank you”を何度も伝えます。最初は、いつでもどこでも何度も“Thank you”を連発するので、少しオーバーだなぁ、と思いましたが、よく考えてみると、メニューを持ってきてくれるのも、電話をかけてくれるのも、当たり前ではないことに気づきました。

誰でもみな、自分の言動を他人に認めてもらいたいのです。「ありがとう」の言葉には、自分を認めてもらえたと実感できるパワーがあります。当たり前のことなんてありません。常に相手に対して感謝の気持ちを忘れずに伝えることのできる人はマナー美人です。さらに「ごめんなさい」のひと言を自分から先に言える人は本物のマナー美人です。相手の立場にたつことのできない自己中心的な人はこの言葉を言えません。このひと言のおかげで別れなかった人たちがたくさんいます。お礼とお詫びの言葉をきちんと伝えることは幸せへの第一歩です。

1 相手を魅了するマナーコミュニケーション

華ある人のポジティブ言葉

【ポジティブ言葉をどんどん使おう！】

いつもキラキラと輝いていて愉しく幸せそうな女性。貴女のまわりにこのような女性はいますか？

輝く女性たちには共通点があります。それは、前向きでポジティブな言葉を発していること。ポジティブな言葉を発すると自然と顔の表情も微笑んでいます。だから、彼女たちのまわりには、男女問わず、多くの人が集まってくるのです。

例えば、彼と映画を観に行きました。映画を見終えて「超最悪。おもしろくなかった」と貴女が言ったとしたら、彼はどういう気持ちになるでしょうか？「僕と一緒だったからおもしろくなかったのかも…」と不安になり、彼はネガティブな気持ちになってしまいます。

もしも本当におもしろくなかったと感じたのであれば、「ちょっと私にはレベル高くてついていけなかったかも…。もう１回観よっかなぁ」などと、前向きなひと言をフレーズとして入れると、聞き手の印象もグッとポジティブになります。

マナーとは、お互いがハッピーになるコミュニケーションツールです。聞く側も、言葉を発する側も、お互いが前向きになるポジティブ言葉をどんどん使いましょう。そのためには、相手の悪い面を見たり、探したりするのではなく、良い面を見て、どんどん褒めることです。褒め言葉には、「すごい！」「よくがんばったね」「ありがとう！」「助かりました」「かわいい！」「素敵！」などなど、多くの言葉があります。言われた人は嬉しく思います。そして、貴女に心をひらき、貴女のことが好きになるはず。ポジティブ言葉を先手で人に伝えると、まわり回って貴女自身が愛されるハッピーレディになれます。

ハンバーガー話法でおいしい関係を

以前、女優の斉藤慶子さんがナビゲートするラジオ番組にお招きいただき、対談をいたしました。内容は、家事を手伝わない嫁に姑はどのようなひと言を言えばいいのか？ さらには、子どもを叱るときの叱り方は？ などなど。このような家族のコミュニケーションだけでなく、恋人や友人同士、仕事における人間関係においてもすべてコミュニケーション法は同じです。

伝えたいことを伝える言い方は、16〜17ページでお話ししたとおり、クッション言葉と依頼形を使いますが、何か言いにくい内容を伝えるときには、いきなりマイナス情報を伝えるのではなく、最初に相手のプラス面を伝え、次に改善して欲しい点を指摘する。そして、最後には励ましの言葉を伝える。一番伝えたいことがハンバーガーの具で、上下のパンがプラスの言葉となります。プラスの言葉は、最初と最後とでは異なっていてもかまいません。

例えば、忙しい彼に「もっと会いたい」と伝えるときは「Aくん、毎日メールしてくれてありがとう。嬉しいけど、もう少し会う時間もつくって欲しいな。もちろん、お仕事優先でいいから」。後輩に注意をするときは「Bさん、先ほどのお客様への対応、ありがとう。助かったわ。だけど、もう少し笑顔で応対してくれるかしら？ Bさんの笑顔でお客様も良い気分になるから」など。メインで伝えたい具の伝え方は、このように、依頼形で伝えるとベストなコミュニケーションとなります。また、マナーは一方通行では成り立ちません。指摘を受けた側は、ハンバーガー話法でコミュニケーションをとってくれた相手に感謝し、素直にその言葉を受け入れましょう。

好印象を与える話し方

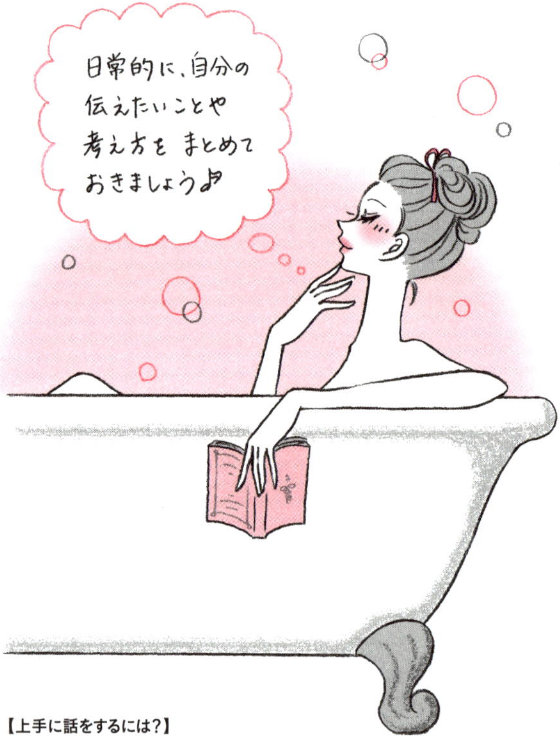
日常的に、自分の
伝えたいことや
考え方を まとめて
おきましょう♪

【上手に話をするには?】

「話すのが苦手です。どうすればいいですか?」と相談を受けることがあります。何よりも大切なことは、まず、常日頃から自分の伝えたいことや考え方をまとめておくことです。電車に乗っているときや歩いているとき、お風呂につかりながらなど、自分で自分の考えを整理し、確立させることです。

話し方というのは、コミュニケーションの表現方法です。したがって、どんなに話の構成テクニックだけを身につけても、それだけで人間関係がスムーズになったり、仕事で成功するとは限りません。大切なことは、いかに相手の立場にたった美しく、心地よい言葉を伝えることができるか、ということ。ですから、多くの語彙力を身につけ、正しい日本語を学ぶことも大切なことです。

私は大勢の人の前で話をする機会が多いのですが、今まで一度も特別に話し方を学んだことはありません。国会議員の秘書時代に、付いていた先生が大変演説の上手な方だったので、毎日その演説を聴ける環境にあり、それが自然と自分の身についたようです。このように、プレゼンテーションなど、人前で上手に話したいと思えば、講演会などに足を運び、さまざまな人の話し方を知ることも勉強になります。最初は話し方の上手な人を真似るところからスタートしてみましょう。そして、鏡の前に立ち、声を出しながら話をしてみる。さらに、ビデオカメラで撮影することをおすすめします。話をするときの表情や動きを確認でき、改善すべき点がすぐにわかるからです。声は腹式呼吸で、お腹をへこませながら出します。表情や声のトーンにメリハリをつけると、相手を惹き付ける話し方となります。

相手を敬う言葉遣い

敬語の種類と具体例

	例
尊敬語	見る → ご覧になる 行く → いらっしゃる 待つ → お待ちになる 買う → 買われる・ご購入になる 会社 → 貴社
謙譲語	見る → 拝見する 行く → 伺う 待つ → お待ちする 会社 → 弊社
丁重語	会社にいます → 会社におります 西出といいます → 西出と申します
丁寧語	見る → 見ます 見た → 見ました きれいな絵だ → きれいな絵です
美化語	料理 → お料理 祝儀 → ご祝儀 腹 → おなか

日本には、敬語という相手との関係を言葉で表現する素晴らしい語があります。みなさんは、なぜ敬語を使う必要があると思いますか？ その理由は、「あなたに対して尊敬の念がありますよ」とか、「あなたのことを敬っています」といった気持ちを言葉で表現するためです。現在、日本の敬語は次の5つに分類されています。1.尊敬語、2.謙譲語、3.丁重語、4.丁寧語、5.美化語です。

尊敬語は、目上の人の動作を高めて、相手を敬う気持ちを表す言葉。主語を「相手」、例えば「お客様」「部長」などと考えるとわかりやすいでしょう。謙譲語は、自分側から相手側または第三者に向かう行為・物事などについてその向かう先の人物を立てて述べるもので〈伺う・申し上げる型〉といわれるものです。「行く」は「伺う」、「言う」は「申し上げる」、「案内する」は「ご案内する」となります。謙譲語は主語を「自分」、「私」と考えるとわかりやすいでしょう。丁重語は、自分側の行為・物事などを話や文章の相手に対して丁重に述べるものです。〈参る・申す型〉といいます。「行く」は「参る」、「言う」は「申す」となります。丁寧語は、相手や自分といった人に関係なく、状態や事柄、話や文章の相手に対して、「です」「ます」「ございます」などをつけることで、丁寧に表現する言葉です。「ございます」の用い方で気をつける点は、形容詞に「ございます」をつける場合です。「高い」は「たこうございます」です。美化語は、物事を美化して述べるもので、「料理」を「お料理」、「花」は「お花」となります。それぞれ、正しい使い分けができるようにしましょう。

「イタっ」と言わせない先手のマナー

ぶつかってしまったときには、自分から先に
「失礼しました」と会釈で挨拶しましょう♪

【先手必笑のマナーマジック】

街中や仕事中で素敵な女性だな、と感じる瞬間があります。それは、その人のファッションかもしれないし、髪型かもしれません。また、フッとすれ違いざまに漂う香りだったり、表情や言動、立ち居振る舞いなどかもしれません。このように私たちは、いつ、どこで誰に見られているかわかりません。だからこそ、知らない人からも「素敵な女性」と評価される輝く女性でいたいですね。

誰もが一度は経験するふとした瞬間に、その人が本物のレディなのか判断できるものです。例えば、出入り口や道、駅構内などを歩いていて、人とぶつかりそうになったり、ぶつかってしまったことはありませんか？ このとき、相手から睨《にら》まれたり、「チェっ」とか「イタっ」などと言われことはありませんか？こんなことがあった日は一日中、不快で悲しい気分になってしまいますね。

このような事態から逃れるためには、貴女から先に相手に対して「失礼しました」とお辞儀をすることです。これができれば、本物のマナー美人です。だって、礼儀正しくこのような態度をされたら、相手は睨みたくても睨めないし、「イタっ」と言いたくても言えませんよね。これが先手必笑のマナーマジックなのです。もちろん、見知らぬ人に対しては、なかなか言葉は出ないもの。でもその壁を自分で超えることができたら、きっと今の貴女から、さらにワンランク上の貴女になれるはず。勇気を出して、恥ずかしがらずに、貴女から先に「失礼しました」と会釈で挨拶をして、相手の方もハッピーにしてさしあげましょう。

2 愛される貴女の公共マナー

出入り口でも貴女は輝く!

【出入り口のマナー】
出入り口では振り返って、後ろに人がいるかどうか確認しましょう。ニッコリ笑顔であとからくる人を先に通して差し上げる。先に通してもらったら、「ありがとうございます」とひと言お礼を忘れずに。

特に、レディファーストの海外では、遠慮せずに、女性が先に出入りすることがマナー。

私が英国で生活をしているとき、自分でドアを開けたことはほとんどありませんでした。ドアを開けるときに、みんな必ず後ろを振り返るからです。後ろを振り返って、そのドアに向かって歩いてくる人がいると、みんなドアを開けて待っていてくれます。そして、後ろから歩いてきた人に対して、「どうぞ、お先に」と言って、相手を先に通します。どんなときも相手を優先に考える。さすがマナーの国、英国だな、と感動したことを今でも鮮明に覚えています。と同時に、ドアを開けて「どうぞ」と言ってくれた人には、きちんと目を見て“Thank you”と感謝の気持ちを伝える。この相手の立場にたつことと、感謝の気持ちを伝え合う双方向があって初めて、そこにマナーが存在します。

このように、貴女のマナーは出入り口でもキラリと輝きます。貴女がドアを開けるときは、後ろを振り返り、人が歩いてきたら、「どうぞ、お先に」と言って相手を先に通して差し上げましょう。このときの表情はもちろん、ニッコリ笑顔で。また、ドアを開けてもらったら、必ず相手の目を見ながら、「ありがとうございます」とお礼を伝えて、会釈をしながら入りましょう。

エレベーターの乗り降りでも譲ることは大切ですが、中に誰もいなければ、会釈をしながら「お先に失礼します」と言って自分が先に乗り「開」の操作ボタンを押し、ドアが閉まらないようにしてあげるのも、思いやりのある行為ですね。また、出入り口付近では、譲り合うと他の人の迷惑になりますから、このように臨機応変に対応できるのもマナー美人です。この瞬間に恋がめばえることもあるかもしれませんよ♪

TPPPOに合わせた エレガントな立ち姿

体幹の整え方は、肩甲骨をギュッと内側に寄せ、顔を下に向けます。そのままゆっくり顔を上げたとき、首の骨がきれいに背骨に乗っている状態になります。

指をきれいにそろえておくのが基本です。バッグは両手正面で持つと、お嬢様風に魅せることができます。

正面から見たとき、足が1本に見えるように、右足を半歩引き、右足の土踏まずを左足のかかとにつけて左足の膝を軽く曲げます。

【パーティでの美しい立ち姿】

デートや仕事で待ち合わせをするとき、貴女はどんな立ち姿で待つかを意識していますか? 立ち姿が美しい人には、「素敵!」と思わせるオーラがあります。そんな素敵な立ち姿は、なんといっても姿勢がポイント。首の骨がまっすぐに背骨にのっていると、美しい体幹となります。このとき、腰の中央に意識をおくと、上半身がまっすぐに伸び、安定し、猫背ではない、自信ある貴女へと変身できます。

足は、右足を半歩引き、右足の土踏まずを、左足のかかとにつけ、左足の膝《ひざ》を軽く曲げ、正面から見たときに足が1本に見えるように立つと足を細く見せ女性らしい美しい立ち姿となります。重心は、右足にかけます。靴は、5〜7センチくらいのヒールを履きこなせるとさらにエレガントさが増します。

手は、どんなときでも指をきれいにそろえておくのが基本。脇は開かずにしっかりと締めて。前で手を組む時には、肘《ひじ》を少し曲げて、肘と脇腹の間に卵1つ分くらいの空間をあけるとエレガントに見えます。このとき、手をおへその位置に持ってくると、一層あらたまった印象を与えます。ただし、状況や相手によっては、「近寄り難い人」と思われ、親しみのあるコミュニケーションをとることができなくなるかもしれません。TPPPO※に応じた立ち姿を心がけ、周囲の人に良い印象を与え、プラスとなるコミュニケーションをとりましょう。

立ち姿や姿勢のポージングも、TPPPOに合わせた使い分けがあります。このように、さまざまなことに気を配ることができる人が、本物の愛されマナー美人です。

※T(Time 時)・P(Person 人)・P(Place 場所)・P(Position 立場)・O(Occasion 場合)

立ち姿からの美しいお辞儀のしかた

●目礼

目だけを伏せるお辞儀。

●会釈

人とすれ違ったりするときなどに行う日常的な軽い挨拶。

●敬礼

出迎えやお見送りで行う一般的な挨拶。

愛されお辞儀のポイント

＊目線は上体を倒すと同時に自然に床におろします。

＊前傾の角度は、その使い分けの知識を知った上で、その時の貴女の気持ち分、上体を前に傾けます。

●最敬礼

冠婚葬祭などの改まった席や相手に深く敬意を示したり、お詫びの気持ちを伝えたいときに行う正式な挨拶。

●拝礼

もっとも敬意を伝える深いお辞儀。神社参拝の「二礼二拍手一礼」などでも行う挨拶。

【お辞儀と角度】

日本では、挨拶をするときに、お辞儀という動作を伴います。お辞儀には、36ページでご紹介する座礼と、立ってお辞儀をする立礼があります。立礼をおこなうときの女性の足元は、つま先とかかとをピッタリとつけます。そして「はじめまして」「こんにちは」などの挨拶言葉を、相手の目を微笑みながら見たあとに、お辞儀をします。

立礼の仕方は、10〜11ページでお伝えをしたとおりです。日本では、立ち姿のお辞儀の仕方として、5種類あります。目礼、会釈、敬礼、最敬礼、拝礼です。それぞれ、TPPPOに合わせて、上体を前に傾ける角度が異なります。目礼は、目だけを伏せます。会釈は上体を前に15度、敬礼は30度、最敬礼は45〜60度、拝礼は90度に傾けます。

なぜ、このような角度が決められているのでしょうか。それは、昔、日本は階級制度だったからです。目下と目上の区別がはっきりとしていた時代は、目下の人は目上の人よりも深く頭を下げるのは当然。これを逆の立場から考えると、目上の人は、目下の人よりも深く頭を下げてはいけなかったのです。

この関係を双方が理解していたので、どんなに気持ちがあっても、目上の立場の人は、浅くお辞儀をすることによって、目下の人に深々とお辞儀をさせない配慮をしていたわけです。このような理由から、現代もお辞儀の角度が存在しています。しかし、現代では、目上、目下関係なく、相手に対する敬意を表することは大切なこと。謙虚さを身につけている女性は必ず愛されます。だからこそ、相手よりも深くお辞儀のできる女性は恋愛も仕事もうまくいくのです。

正座と座礼のしかた

【3つの座礼】

●草礼

日常的な軽い挨拶。両手指先が、膝の前で畳に触れる程度の位置まで上半身を傾けるお辞儀です。上体を15度程度、前へ傾けます。正式な挨拶をする前の軽い挨拶で行うお辞儀です。

●行礼

一般的な挨拶。手のひらがしっかりと畳につく程度まで上体を前に倒します。頭と畳の間隔は40～45センチ程度です。お客様を部屋に迎えるときや、部屋に通されたときなどに行うお辞儀です。

●真礼

改まった席での正式な挨拶。手のひらはしっかりと畳につけ、かつ、上体は、頭と畳の間隔が15～20センチほどになるまで倒します。深い感謝や依頼、お詫びなどをするときに行うお辞儀です。

日本には、数々の奥ゆかしい伝統的なしぐさがありますね。私たちには、この日本独自の奥ゆかしく美しいしぐさも表現できる環境があり、それは大変幸せなことだと思います。そのひとつが、畳の文化から生まれた正座と、正座の姿勢から挨拶を行う座礼です。

正座のしかたは、膝《ひざ》をそろえて膝から両足を曲げて、かかとの上にお尻をのせます。立ち姿と同様に、背筋を伸ばし少しあごを引き気味にすると、座り姿が美しく見えます。脇をしめて、肘《ひじ》は張らず、手は指が開かないように、きちんと美しくそろえて、太腿《ふともも》の上に自然に置きます。諸説ありますが、このとき、手を重ねなくてもOK。重ねる場合は、お客様を迎える側が重ねるともいわれています。重ね方は、作法の流派によって異なるので、右が上でも左が上でもかまいません。右手の上に左手を重ねるのを「男手」、その逆を「女手」といいます。足がしびれてしまった場合は、親指を組み替えたり、片方の足に重心がかかるようにしてみると、しびれがやわらぐでしょう。ひどくしびれた場合は、両足のつま先を立てて、その上に腰を乗せると楽になります。このように、足がしびれないようにするためには、足首をのばし、親指を重ねずにまっすぐにすることです。

正座をした状態でお辞儀をするのを座礼といいます。基本的な座礼のしかたは、背筋を伸ばして膝の前で畳に両手の先をつけ、手の内側に親指を入れて、三角形をつくります。上半身は背中を丸めずに、立礼(立ってお辞儀をする)のときと同様に、頭から腰はまっすぐにして、腰から上体を前に倒します。上体を前に倒したら、その場で一呼吸おいて、上半身をゆっくり起こします。座礼にも、諸説、流派がありますが、一般的に、草礼、行礼、真礼の3種類を覚えておくとよいでしょう。座礼も、それぞれのシチュエーションに応じて使い分けをします。

椅子の座り方・立ち方の基本形

・座るときも立つときも椅子の左側から。

・椅子から出たあとは、引いた椅子を元の位置に戻しましょう。

ハンドバッグ1個分空けて背筋はまっすぐ伸ばします。

座るときの足の動かし方は、電車やバス、飛行機の座席やレストランなどでも同じです。もちろん仕事中や面接時などでも。

椅子の座り方は左側から入り、左側から出るのが基本です。西洋では、昔、男性も女性も身を守るために、剣を左腰にさしていましたが、椅子に座るとき、右から座るとその剣が邪魔になるため、左から入り、左から出るようになったのです。

基本の座り方は、椅子の左側に立ち、まずは左足から踏み出します。次に右足を椅子の前へ移動させたら、つづいて左足も椅子の前へ移動させます。右足を半歩下げ、右足の土踏まずを左足のかかとにつけ、右足に重心を置いて、上半身をまっすぐにしたまま腰を落とします。このとき、スカートの裾を軽く押さえながら座ると女性らしいエレガントさがでます。椅子に腰を下ろしたら、引いた右足を元の位置に戻し、左右の足をそろえます。

座っているときは、背筋をしっかりと伸ばし、座面半分を使用します。背もたれからお尻までは、バッグをおけるスペースをつくります。足は膝《ひざ》、つま先、かかとをきれいにつけてそろえます。膝下は、椅子の足と平行にまっすぐ下に伸ばします。足を組むと、上半身が傾いて基本の姿勢が保てなくなりますし、また、体の歪みにも影響するので、組まないようにしましょう。

立ち上がるときは、椅子を少し後ろに引き、座るときと同様、右足を半歩下げ、右足の土踏まずを左足のかかとにつけ、上半身をまっすぐにしたまま右足に重心を置いて、勢いをつけて一気に腰を椅子から離して立ち上がります。立ち上がったら、半歩引いた右足を元に戻して左右をそろえます。そして、左側から出ます。椅子から出たら、引いた椅子を元の位置に戻すことをお忘れなく。

特別なシーンでのスマートな座り方

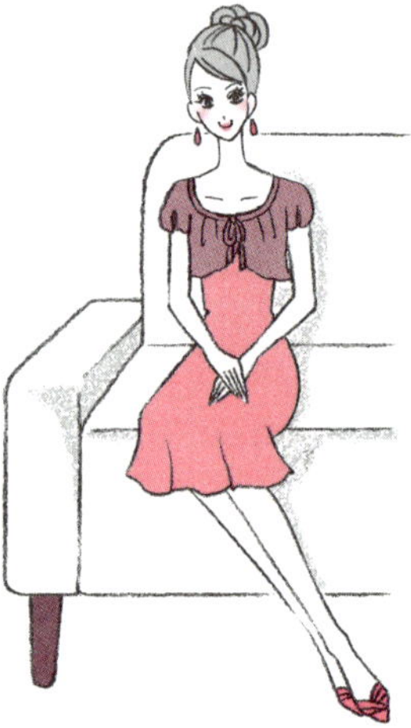

【ソファに腰掛けるとき】
高さが低いソファの場合は、足を左右のいずれかに流します。両膝をピッタリとつけて、左に流す時は左足を、右に流す時は右足を前に出し、もう一方の足はその後ろにおき、足が一本に見えるようにします。

【車に乗るとき】
腰を座席に下ろしてから、左右の足をゆっくりと同時に車の中へ入れましょう。

椅子の座り方の基本は、マスターしましたね。でも、前項で学んだ座り方はあまりにも優等生の座り方。基本をマスターしたあとは、ちょっと彼を魅了したいときや、バーカウンターなどで大人の女性を演出する座り方もマスターしましょう。

まず、ソファに座るときは、基本と同様の動作で腰を下ろします。そして、足を左右のいずれかに流します。左に流したときは、右足の土踏まずを左足のかかとにつけて、前から見た時に、足が一本に見えるようにします。ソファには、奥深く座らず、座面の3分の1程度に腰を下ろし、背筋を伸ばします。手は指をそろえて、膝上で重ねます。

バーカウンターなどでよく見かける座面の高いスツールへの座り方は、指をそろえた右手をカウンターにそっと添えて、カウンターに向かって左斜め30度の角度でお尻を椅子に向けます。そして、そのままの向きで腰掛けて、そのあと、体を正面に向けます。もしも座面が高ければ、右足をステップ台にのせて、右足に重心を置いて腰掛けます。座ったら、足をぶらぶらさせないように気をつけて。足は、両足をそろえてステップ台にのせます。

車に乗るときは、ボンネットに向かって体を斜め45度くらいに立ち、右足の土踏まずを左足のかかとにつけて、重心を右足に置き、そのまま きれいにそろえた上体で、腰を座席に下ろします。そして、左右の足を同時に、ゆっくりと車の中に乗り入れます。このとき、スカートの裾がドアに挟まれないように、手でエレガントにフォローして、裾を車の中に入れます。

乗り物と挨拶

人を押しのけて乗り降りするのはもってのほか。
マナー美人は早めの行動を心がけましょう。

【乗り物でも挨拶はしたいもの】

英国では、バスに乗車する人たちは、運転手に向かって必ず運賃を払う前に“Hello”と挨拶をします。すると、運転手も笑顔で挨拶を返してくれます。また、降りるときは“Thank you”と言って降り、運転手もそれに応えてくれます。日本ではどうでしょうか？ 幼稚園のお迎えバスではあり得る光景ですが、一般のバスではなかなか見られません。マナーは、特別な場所で行うものではなく、そのしぐさや言動は日常生活の中に定着しているものです。そこで、私は日本でバスに乗り降りするときに、運転手への挨拶を行っていますが、残念ながらそれに応えてくれる人はほとんどいません。

電車ではどうでしょうか？ 電車に乗り降りするときは、さすがに車掌への挨拶はなかなかできないものです。そこで、私は乗り降りするときに、軽く会釈をするようにしています。それは、乗るときも降りるときも出入り口付近には人が立っているからです。また、人がいなかったとしても、電車は自分の持ち物ではありません。運賃を支払っているにせよ、乗り物に入るときと出るときにも、挨拶はしたいものです。飛行機に乗るときには、客室乗務員が丁寧に挨拶をしてくれます。貴女もその挨拶に笑顔で応えましょう。

また、我先！とばかりに人を押しのけて、前にいる人を無視して乗り降りする人はマナー違反。急いでいるのはわかりますが、満員電車を予測して、早めに行動するのがマナー美人です。すると時間に余裕ができるので、髪の毛を振り乱して慌てることもありません。慌てる姿はレディには似合いませんね。自分よりも相手優先の「お先にどうぞ」の精神をお忘れなく。

電車やバスなど乗り物でのマナー

音楽を聴くときは、周囲に音が漏れないようにしましょう。

大きな荷物は、ドアと座席の間など、邪魔にならないところに置きましょう。

電車の中でのお化粧は、どうしていけないのでしょうか？

マナーとは、自分以外の人の立場にたって、その人がどう思い、どう感じるかを察して、相手を不快な思いにさせないように自分のとるべき言動を表現することでしたね。ですから、電車などの公共の場所では、自分の欲求をおさえることが大切なのです。基本的に、電車やバスなどの乗り物内では、お化粧や飲食は控えます。また、大きな荷物を持っているときは、他人に迷惑がかからないような位置に置く配慮をしましょう。英国オックスフォードの路線バスは、大きな荷物を置く場所が専用スペースとして設置されています。これも、公共マナーに配慮した素晴らしいシステムだと感心します。

新聞やテレビから心痛むニュースが流れるとき、その舞台が電車の車中で起きる事件も少なくありません。化粧をしていた、ちょっと肩が当たった、荷物が当たった、携帯電話が鳴った、携帯電話で話をしていた、音楽がうるさい、子どもが騒ぐ、赤ちゃんが泣き止まないなどの理由から、事件へと発展しています。マナーはお互いさまですから、マナー美人は寛容な心を持つことも大切です。一方で、自分が問題の原因とならないような配慮をすべきです。音楽を聴くときは、どの程度のボリュームだと周囲の人に音が漏れるのかを、友人と一緒に電車に乗っているときに試してみたり、自分の子どもが騒いでいたら、おとなしくさせたりするようにしましょう。また、最近は、友達同士、仕事仲間同士が電車の中で大声でペチャクチャおしゃべりをしているのを多く見かけます。電車内で話をするときは、小さい声で話すことも心がけましょう。

携帯電話のマナー

今や、多くの人が持っている携帯電話とスマートフォン。これらがお財布代わりになったり、音楽が聴けたり、私たちの生活に欠かせないアイテムとなりました。みんなが利用してい

るアイテムだからこそ、公共マナーを１人１人が守りたいものです。

まず、これらは電磁波を発するため、害を及ぼす場所での使用は禁止されています。飛行機内や病院内が代表的な場所です。また、電車やバスなどでは、ペースメーカーをつけている人がいるかもしれないのですから、できれば電源を切って乗ることがベストマナーです。

メールやLINEでのやり取りも、混んでいる電車内などでは控えることをおすすめします。後ろに立っている人に内容を読まれているかもしれません。その人は、もしかすると取引先の人であったり、上司である可能性もあります。

先日、あるテレビ番組でも携帯電話やスマートフォンのマナーについて話す機会がありました。美しい所作としてのエレガントな持ち方は、左手で持って耳元に当てたら、その下の部分に右手を軽く添えるとお伝えしました。このしぐさで話をしていると、見る人も心惹かれます。したがって、耳と肩にはさみながらや、片手でもち歩きながらの電話はエレガントに見えません。また、歩きながらメールやLINEなどをしている人もいますが、前を見ないで画面に集中しているため、人や自転車、車とぶつかる可能性があり、危険ですから止めましょう。さらに、自転車に乗りながら、自動車を運転しながらの携帯電話は事故につながる恐れがあるため、法的に禁止されています。

マナーは貴女をエレガントに美しく魅せるものでもあり、トラブルのない社会にするものでもあるのです。

美しい歩き方とエスカレーターのマナー

残った足は、つま先を正面に向けて膝をまっすぐに伸ばし、足の裏全体で体を前に送り出すように、前へと踏み出します。

踏み出す足は、足の裏が地面と30度の角度になるように、まっすぐすねに向かって引き上げ、かかとから着地します。

街を姿勢よく颯爽《さっそう》とエレガントに歩く女性は、輝く自信オーラに満ち溢れていて素敵です。何事も意識をすれば、姿勢だけでなく、ひいては行動や考え方も変化させることができます。

美しい歩き方のポイントは、正面を向き、姿勢を正して、あごは少し引き気味の姿勢からスタートします。踏み出す足は、足の裏が地面と30度の角度になるように、まっすぐすねに向かって引き上げ、かかとから着地します。残った足は、つま先を正面に向けて膝《ひざ》をまっすぐに伸ばし、足の裏全体で体を前に送り出すように、前へと踏み出します。膝から前に出るのではなく、膝を伸ばしたまま、足首の動きをしっかりと意識して歩きましょう。ハイヒールを履いているときは、つま先とかかとを同時に着地させます。このときも、膝は曲げずにまっすぐ、腰から前に進んでいきます。

最近は駅の構内など、エスカレーターが多く設置されています。本来、エスカレーターでは歩かないのが基本。しかし、実際には関東では、エスカレーターの左側に立ち、右側は急いでいる人のために空けています。関西では、右側に立ち、左を空けています。ちなみに、ロンドンは関西と同様です。このとき荷物にひっかかって、転んだりする事故が起きないように、立っている人も歩く人も、相手の邪魔にならないように、荷物は手すり側で持ちましょう。このような観点からも、エスカレーターは歩いて移動しないことです。マナー美人は、どちらかに寄って手すりを持ち、エスカレーターは歩きません。

また、エスカレーターに乗っているときに携帯電話やスマートフォンなどを持っていると、下から写メールで撮影していると誤解されるなど、周りの人を不快な気持ちにさせてしまう可能性もあります。前項でお伝えしたとおり、スマートフォンなどもTPPPOを意識して使用するのがマナーです。

お宅訪問時の身だしなみ

・長い髪はひとつにまとめましょう！

・ジャケットorアンサンブルを着用しましょう。

・足を隠せるフレアーのロングスカートがおススメ！

・バッグは小振りなものが無難です。

上司や彼の自宅に招かれた！ 取引先の自宅へ訪問しなければならなくなった！ 旦那様の実家へ訪問！ などなど、私たちには、人様のお宅へ訪問する機会があります。そんなときに、誰から見られても恥ずかしくない礼儀作法（マナーの心と型）を身につけていれば、不安に思うことも慌てることもなく、堂々とエレガントに振る舞え、貴女の評価は高得点になります。

最初に、なんといっても第一印象は大切です。お宅へと訪問するときの装いのマナーを考えてみましょう。

服装は、女性の正装はスカートです。洋室か和室、どちらに案内されるかわからないので、フレアーのロングスカートがおススメです。椅子やソファに座るときも、正座をするときも、足を隠せる安心感があるからです。また、訪問の目的に応じて、ジャケットか、アンサンブルを着用しましょう。

メイクはナチュラルメイクで好感をもってもらいます。髪型は、肩よりも長い人はひとつにまとめます。髪の毛は知らぬ間に落ちるものなので、人様のお宅を汚さないようにする配慮からです。

靴はプレーンなパンプスで。表面や靴底の汚れはキレイにし、かかとがすり切れていないかどうか、事前に確認をして、問題があれば修理に出しましょう。また、靴の中がいたんでいないかの確認も怠らないように。

バッグは、貴重品とハンカチ、ティッシュペーパー、歯ブラシ、簡単なメイク道具が入る小振りなものがよいでしょう。香水は、相手の好き嫌いがあるので、足首やハンカチにひと振りすると、優雅な上品さを感じさせます。

玄関先でのマナー

訪問時に雨が降っていたら、濡れた傘は水を切ってからまとめます。レインコートも水を切ってから裏表にします。

お宅に上がったら、お尻は下駄箱側に向け、靴のかかとを下駄箱側にして置きます。

訪問先に早く着いてしまっても、約束の時間前にチャイムを鳴らすのは控えます。日本では、時間になったら鳴らします(海外では、その地域に応じて異なります)。チャイムを押す前に、髪型、服装などの身だしなみを整えます。コートを着ている場合は、日本ではチャイムを鳴らす前に脱ぎます。コートは裏表にして、三つ折りにして利き手が右の人は左腕にかけます。手袋やマフラーもとり、手袋はバッグの中にしまい、マフラーはコートの上にかけます。ちなみに、ヨーロッパでは、訪問先の人が「中へお入り下さい」と案内し、室内に入るまで、コートを脱がないのがマナーです。

チャイムを押して、先方が出てきてくれたら、その場で一度、「はじめまして」「こんにちは」などと挨拶をします。玄関へと通されたら、「お邪魔いたします」と言って、なるべく下駄箱(下座)の側に立ち(スリッパを置いてくれていれば、そのスリッパの前に立ち)、正面を向いて靴を脱ぎ、「失礼いたします」と言って、お宅へ上がります。上がったら、先方にお尻を向けないように気をつけながら、お尻を下駄箱(下座)側へ向けて、玄関ドアのほうを向き、片膝《ひざ》をつけて靴を持ち、靴のかかとが下駄箱(下座)側に向くように置きます。その後、スリッパを履きます。

訪問者が帰るときには、もてなす側が下座に置かれた靴を、事前に玄関の真ん中の位置に移動させ、履きやすいようにつま先を玄関ドアのほうに向けて差し上げます。

このようにマナーとはお互いのコミュニケーション。相手がマナーある動作をすることができるようにするために、自分で自分の靴のつま先を玄関ドアに向けておかないのも、立派なマナーのひとつなのです。

手土産を持参するときのマナー

すぐに冷凍庫や冷蔵庫に入れるものや、鉢植えなど、土や水でお部屋を汚す可能性のあるものは、玄関先で渡しましょう。その他の品は、部屋へ通されて、挨拶をしたあとに渡すのが正式です。

プライベートな用件での訪問の場合は、手土産を持参すると良いでしょう。仕事で訪問する場合は、その目的に応じて持参したり、しなくてもかまいません。

手土産の選び方は、先方の好みの品であり、かつ、自分ではめったに購入しないものなどが喜ばれます。例えば、甘いお菓子が好きな人であれば、有名なお店のものを持参したり、貴女の地元で人気のある品を持参するとよいでしょう。ワイン好きな人であれば、なかなか手に入らない珍しい品が、お花好きな人であれば、その人をイメージした手作りアレンジメントなどが喜ばれ、その後の会話もはずみます。

手土産は、風呂敷に包むか、紙袋に入れて持参しますが、紙袋は破れる可能性があるため、最近では不織布の袋も一案です。渡すときは、先方の目の前で風呂敷や袋から取り出し、品物だけを渡します。風呂敷も袋も持ち帰るのがマナーです。ただし、紙袋の場合、先方が持ち帰ることに気をつかって、「よろしければ、こちらで頂戴いたしますよ」などとお声かけくださる場合は、その限りではありません。

手土産を渡すタイミングは、すぐに冷凍庫や冷蔵庫に入れなければいけないものや、鉢植えなど土や水で部屋を汚す可能性のあるものは、玄関先で靴を脱ぐ前に渡します。その他の品は、部屋に通されて、挨拶をしたあとに渡すのが正式です。

渡すときの「つまらないものですが」という常套句は、最近は使わない傾向にありますが、本来この言葉は「心を込めて選んだ品ですが貴方の前ではそれもつまらないものに見える」という意味で、大変美しい言葉です。しかし、この意味を知らない相手だと誤解を招く可能性があるので、食べ物であれば「どうぞ召し上がって下さいませ」、お花などであれば「飾っていただけると嬉しいです」など、率直な気持ちを伝えてお渡しすると良いでしょう。

和室での立ち居振る舞い

【座布団の座り方】
両手をつきながら、両膝でにじるように前に移動し、膝と体を座布団の中央、相手正面に体を向け姿勢を正して正座をします。

【座布団からの立ち上がり方】
座布団の下座側ににじって下がります。そして両手を座布団の上につき、両膝に体重を移して少し腰を浮かせ、両足のつま先を座布団からはずれた畳の上に置きます。その後、右膝に重心をおき、左膝を少し立ててから、上半身をまっすぐにして立ち上がります。

座布団にも裏表や前後があります。ほとんどの座布団は、中線がずれないようにしめ糸で中央を綴じています。そのしめ糸にふさ飾りがついている方が表です。前後は、座布団の4辺で縫い合わせのない辺が前になります。

和室に通されたら、部屋に入る前に正座をして、「失礼いたします」と一度、座礼をしてから入ります。和室では、歩幅を狭く歩きます。畳半畳を3歩程度で歩くと覚えておきましょう。歩き方は左右の膝《ひざ》が擦り合うように、小股で歩くと優雅に見えます。手の位置は、軽く前腿《もも》につけておきます。和室では、敷居や畳のヘリ、そして座布団を決して踏まないようにしましょう。また、座っている人の前を横切るようなことはマナー違反です。

部屋へと入ったら下座で待ちます。案内して下さった方が上座をすすめてくれたら「恐れ入ります」といって上座の座布団の斜め後ろ下座側で正座をして控えます。このとき、自分のバッグは下座に、手土産は上座に置きます。

先方が部屋に入ってきたら、座布団には座らず、36〜37ページにあるように畳の上で座礼の挨拶をします。手土産がある場合は、このときに渡します。

座布団をすすめられたら、「恐れ入ります」といって座ります。座布団への座り方は、座布団の後ろ横などの下座側に正座し、座布団の位置がずれないように、両手で端を押さえます。その後、両手に力を入れて、両膝を浮かして座布団に両膝をつきます。同じように、両手をつきながら、両膝でにじって（膝で移動）少しずつ前に移動し、膝と体を座布団の中央、相手正面に美しく体を向け姿勢を正して正座をします。座るときに座布団を自分のほうに引き寄せたり、座布団の位置を動かしたり、座布団の上に立ってから座ったりすることは絶対にタブーなので要注意です。

お茶とお菓子の出し方・いただき方

【お茶のいただき方】

お茶をいただくときは右手で湯のみ茶碗の下のほうを持ち、左手は糸底に添えて、両手で飲みます。

【お茶の出し方】

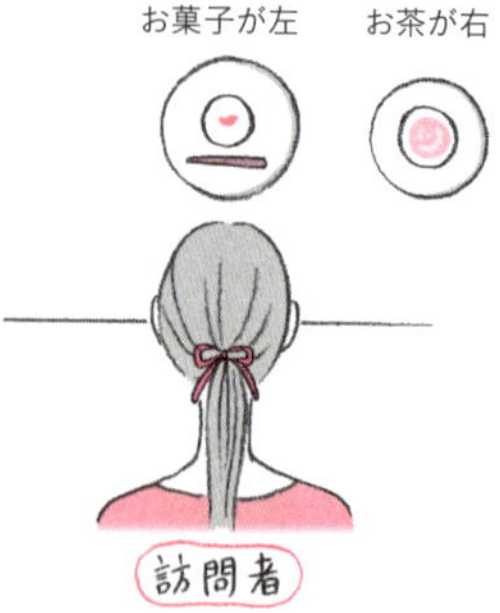

【和菓子のいただき方】

和菓子は、黒文字を使って左から一口分ずつ切って食べます。

串団子は、団子を串から抜いて黒文字や抜いた串に刺し、ひとつずつ食べます。黒文字やお箸などがない場合は、そのまま食べます。

来客があったら、もてなす側は、お茶とお菓子でおもてなしをします。出し方は、お菓子、お茶の順番で、お菓子は訪問者から見て左側(訪問者の正面)に、お茶は右側に置きます。お茶を左に置くと、お茶を取るときに、右側に置いてあるお菓子に服の袖がついたりなど、粗相《そそう》の原因になるからです。

お茶をお出しするときは、湯のみ茶碗の下の方を両手で持ち、茶托にのせて、両手で茶托を持って訪問者へお出しします。湯のみ茶碗や茶托に模様が描いてある場合は、それが訪問者に見えるように置きます。木目がある茶托は、その木目が訪問者と平行になるように置きます。また、木目が粗い側が訪問者の側にくるように置きます。

訪問する側は、蓋付きの湯のみ茶碗でお茶が出てきたら、利き手で蓋のつまみを持ち、蓋の裏についている水滴を湯のみ茶碗に落としてから、裏返して両手で持ち、茶托の下に挟みます。このようにすることによって、蓋が揺れ動くことを防ぎます。湯のみ茶碗は、両手で持ち上げ、右手で下のほうを持ち、左手は糸底《いとぞこ》に添えて、両手で飲みます。

和菓子は、添えられている黒文字《くろもじ》(太い爪楊枝)で左側から一口分ずつ切って食べます。串団子は、団子を串から抜いて、黒文字や抜いた串に刺してひとつずつ食べます。和菓子はお皿を持って、口元で食べてかまいません。桜餅や柏餅の葉や和菓子を包んでいた紙などは、食べ終えたらきれいにたたみます。使用した黒文字や串などは、それらに包みます。和室に通されることを想定し、日頃から懐紙(122ページ参照)を持参することを習慣にすると素敵な和マナー美人にもなれます。

ふすまの開け閉めと和室の席次

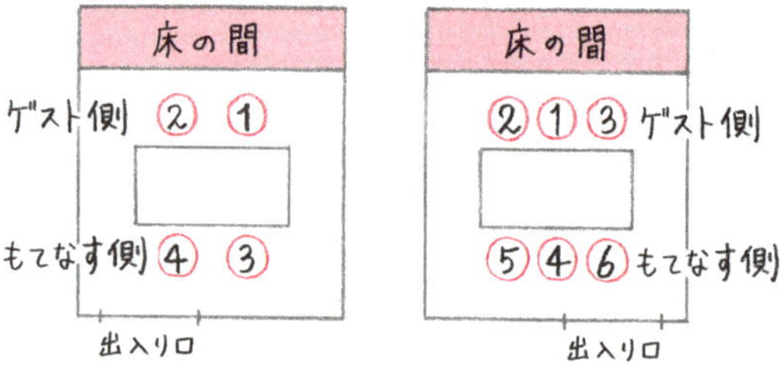

※ゲスト側ともてなす側とで、分かれていない場合。
同じ組織や仲間同士の場合の席次。

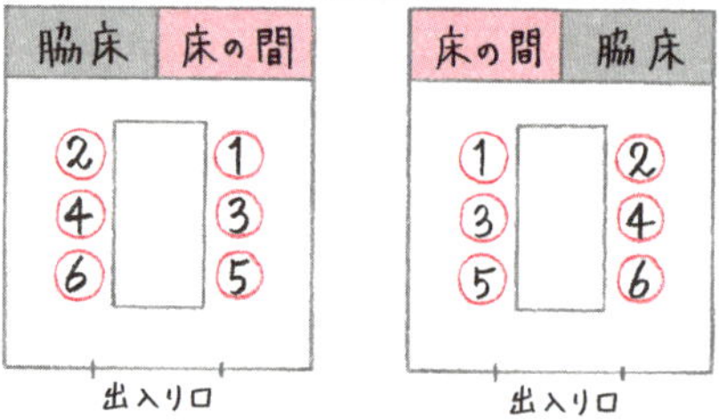

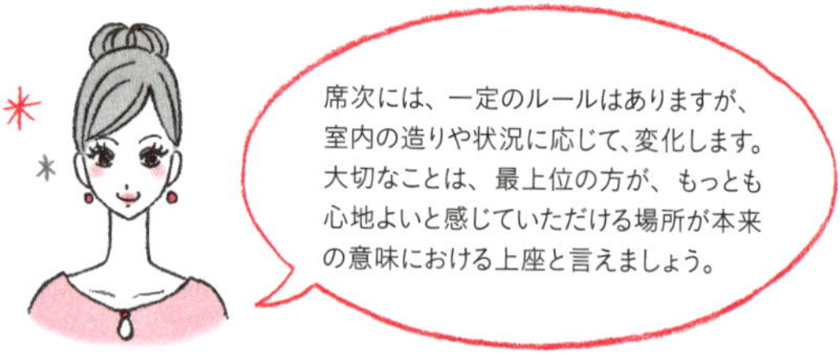

ふすまの開け方、閉め方にも作法があり、その所作は流派にもよります。ここでは、代表的な作法をお伝えします。ふすまを開けるときは、膝《ひざ》をつき、引き手に手をかけて10センチほど開けます。次に、片手をふすまの縁にかけて30センチほど開きます。両手で体が通るくらいまで開けて立ち上がり部屋へと入ります。このときに、敷居や畳のへりを踏まないように気をつけましょう。

部屋に通されたとき、どこに座っていいのか、戸惑ったことはありませんか？ 座る席の順序を「席次」と言いますが、席次には上座、下座があり、その場に集う人たちの関係性に応じて、座る席の位置が決められています。案内する側がこの位置を知らずして、本来上座にご案内すべき人を下座に案内したりすることは、大変無礼にあたるので、さまざまな場面における席次は知識として身につけておきましょう。

席次には、出入り口から遠い席が上座、近い席が下座という基本的な決まりがあります。和室では、床の間の前が上座です。訪問者が2名の場合は、床の間から見て、左が一番上席。その右となりが二番目の席となります。3名の場合は、床の間から見て、床の間側の真ん中が最上位席、最上位席の右隣が二番目。左隣が三番目となります。出入り口から見て、右側に床の間がある場合を「本勝手」、左側にある場合を「逆勝手」と言います。また、出入り口に近い場所に床の間をしつらえた部屋もあります。これを「下座床」といいます。これは、出入り口から遠い場所が上座だが、出入り口に近いところに床の間をつくることによって、上下関係を気にしないで、お座りになって下さいという配慮からなるものです。

洋室での 立ち居振る舞いと席次

【押開けるドアの場合】

【洋室へ招じ入れるとき】
方向は、訪問者より遠い手で示します。訪問者に体を開くことで「貴方に心を開いています」という意思表示になるからです。

ドアを開けたら内側のノブに持ち替えます。

【洋室の席次】

洋室に通されたときは、ドアを開けてもらったら、「失礼いたします」と言ってお辞儀をして入ります。自分でドアを開けるときは、日本ではノックを3回してから入ると良いでしょう。ノックの回数に決まりはなく、海外では、3回以上であれば問題ありません。

案内をする人は、ノックをしてからドアを開けます。押して開けるドアの場合は、案内人が先に部屋に入り、内側のドアノブに持ち替えて、訪問者よりも遠い手で「どうぞお入り下さい」と言って、方向を示してあげます。このとき、ドアから一番遠い上座へとご案内します。引いて開けるドアの場合は、訪問者に「どうぞお入り下さい」といって、訪問者が先に入り、その後、案内人が入ります。そして訪問者を上座へお座りいただくようすすめます。ご案内するお部屋のテーブルの上に、前のお客様が飲んだ湯のみ茶わんなどが置いたままになっていないように。

挨拶をするときは、必ず立ち上がり、**10〜11ページ**で行ったお辞儀をします。お土産は紙袋などから出して、相手の正面に向けて両手で渡します。直接相手に手渡しするのは欧米式で、日本式ではテーブルの上に置きます。渡し方はその品によって、どちらでもかまいません。いただく側は、御礼をいって両手で受けます。基本的にリボンのついている品物であれば、欧米のマナーに準じて、その場で開けて中味を見て喜びを伝えましょう。その他の場合は、いただいたら別室へと移動させます。

洋室の席次にもルールがあります。基本は、出入り口から遠い席が上座です。また、洋室の場合は、椅子にも格付けがあります。もっとも格が高いのは、肘《ひじ》付きの長いソファ、つづいて肘付きのない長いソファ、肘付きのソファ、肘付きなしソファ、肘付きの椅子、肘付きなし背もたれ椅子、スツールの順となります。

3 訪問ともてなしのマナー

コーヒーと紅茶の飲み方

【カップの持ち方】
取手（ハンドル）に指を通さず、親指、人指し指、中指でしっかりと取手を持ち、薬指と小指は軽く添えます。

椅子とテーブルの間に距離がある場合、紅茶ならソーサーを胸元に持ってきてもかまいません。

レースのついた大判のハンカチをナプキン代わりに、ひざ掛けにするとエレガント

【レモンティでは】

レモンは、スプーンの上にのせ、紅茶の表面に浮かせます。

レモンは、味のついたところで、取り出したスプーンにのせたままカップの奥、ソーサーの上に置きます。

NG!

小指を立てて持つのは、貴族の所作。一般の人がおこなうと、気取り屋だと思われて愛され美人からは遠ざかってしまいますので要注意！

洋室でお茶とケーキのおもてなしを受けるときも、貴女をエレガントに魅せる所作があります。

まず、レースのついた大判のハンカチをナプキン代わりに膝ひざにかけます。お茶とケーキを出していただいたら「ありが

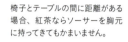

とうございます」とお礼を伝えて、「どうぞ召し上がって下さい」と言われたら「いただきます」と言って、まず、飲物用のスプーンをカップの奥のソーサーの上に置いてから、飲み物を飲みます。こちらも、もてなす側の人が飲んでから飲むのがマナーなので、もてなす側は早めに口をつけて差し上げましょう。

コーヒーは、まずはブラックで一口、香りと味を味わうのがマナー。ミルクや砂糖を入れる人は、味を確認したあとに、入れる分量を考えていれます。最初に砂糖を入れ、スプーンで軽くかき混ぜたあと、ミルクをいれます。ミルクを入れたら、スプーンではかき混ぜないのがコーヒーマナー。スプーンはカップの奥のソーサーの上に置きます。コーヒーを飲むときは、立食パーティ以外では、ソーサーを添えて飲みません。

紅茶は、角砂糖やレモンスライスは、スプーンの上にのせて、紅茶の表面に浮かせます。レモンは、好みの味がついたところでスプーンで取り出し、スプーンにのせたままカップの奥、ソーサーの上に置きます。ミルクティの場合は、空のカップに先にミルクを入れて、それから熱い紅茶を注ぐ淹れ方をする場合もあります。

カップの持ち方は、親指、人差し指、中指で、取手（ハンドル）をつまみ、薬指と小指は軽く添えます。取手（ハンドル）には、指を通さないのが正式な持ち方。ただし、カップが重たく取手（ハンドル）をつまめない場合は、その限りではありません。また、カップの底にもう一方の手を添えると、「ぬるくておいしくない」というサインになるので、コーヒーや紅茶の場合は、片手で飲むと心得ておきましょう。

ケーキとアフタヌーンティの食べ方

【ケーキのフィルムの扱い方】

1. フォークを上からフォルムに差し込む。

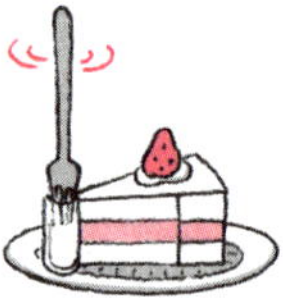

2. フィルムの内側が表にならないようにフォークに巻き付ける。

※右に向かって回していくのか、左に向かうかは、そのフィルムの巻き方に応じて異なる。

3. ケーキの奥にたたんで置く。

4. 食べ終えたら銀紙を扇形に折り、フォークを中に差し入れる。

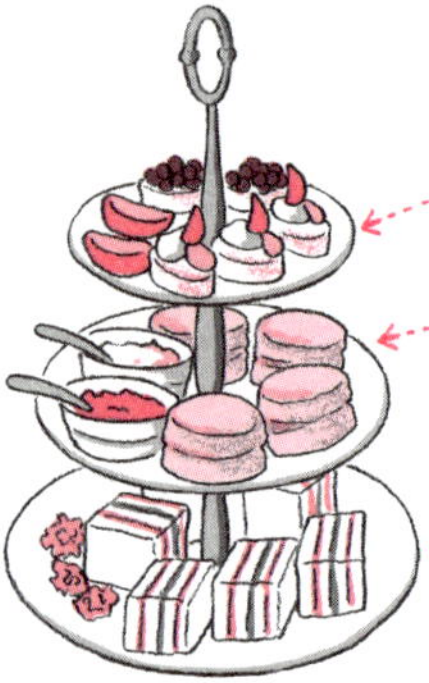

【アフタヌーンティ】

ケーキは、ナイフとフォークで食べる。

スコーンは、水平に上下に手で割る。手で割れないときは、ナイフを使用してもOK。

サンドウィッチは、手で食べる。大き過ぎてカットする必要があれば、ナイフでカットする。

もてなす側は、三角形のケーキの場合、細くなっている側を訪問者から見て左にして、お皿にのせて出します。フォークは、ケーキの手前に置きます。

いただく側は、フィルム付きのケーキを出されたら、フォークを使ってとります。フォークを上からフィルムに差し込み、内側が内になるようにくるくるとフォークにフィルムを巻き付けてとります。とったフィルムは、ケーキの奥、左上にたたんでおきます。もちろん、うまくできないときは、手でとってもかまいません。ですが、イザという日のために日頃から練習しておくと良いでしょう。食べ終えたら、ケーキの下についている銀紙の上にフィルムをのせ、扇形に折って、その中にフォークを差し入れておくとエレガントです。

アフタヌーンティセットを出されたらどうすればいいのでしょうか？ 本来のアフタヌーンティは、ひとつの大皿にサンドウィッチ、スコーン、スイーツをそれぞれ盛り、ホストのサービス担当が、お一人お一人のお客様のお席まで運び、取っていただくものでした。しかしこれでは大変ということで、皆さんもよく見るスリーティアーズ（3段のお皿）が誕生しました。これには、下からサンドイッチ、スコーン、スイーツ（ケーキ）の順に盛られます。食べ方は、サンドイッチ、スコーン、スイーツの順です。サンドイッチは手で食べるのが正式ですが、状況に応じて、フォークとナイフを使って食べてもOK。周囲の人に合わせて食べると良いでしょう。スコーンは、温かいうちに手で食べるのが正式。よって、本来は、出来立てのものをお出しするのがマナーです。手で割れないときには、ナイフを使用。ジャムとクリームは、ジャムをつけた後にクリームを塗る「コーンウォール式」と、クリームを塗ったあとに、ジャムをつける「デボンシャー式」があります。

3 訪問ともてなしのマナー

おもてなしの心得と化粧室のマナー

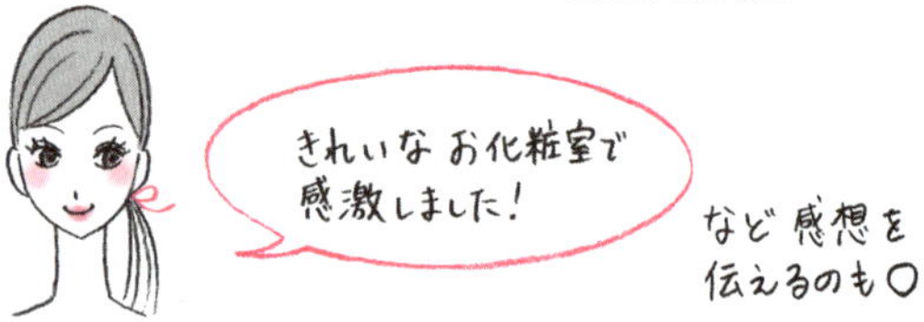

【化粧室を借りたら…】

もてなす側の準備や後片づけは大変なもの。訪問者は心から感謝の気持ちを表現しましょう。もてなす側は、余裕をもって、お掃除などの準備は約束の時間の30分前までには終わらせておきましょう。そして、15分くらい前までにあらかじめ、お茶やお菓子の準備もしていれば、お出しするときに時間をかけずにスマートです。夏は冷たいおしぼり、冬は温かいおしぼりを準備してお出しするのも、訪問者への心温まる配慮です。また、夏は、最初は冷たい飲み物を出し、飲み干したあとに、お部屋も地球温暖化対策をしているとはいえども、訪問者のために涼しくしていると思うので、次は温かい飲み物を出して差し上げましょう。

また、玄関と化粧室(トイレ)は、特に念入りにお掃除をして、お花を飾ったり、ふんわり心地よい香りを漂わせましょう。和テイストのお宅であれば、お香の香りも素敵です。

訪問者は、自ら化粧室を借りたいとは言いにくいものです。できれば、もてなす側から「化粧室は部屋を出て右手奥にありますので、いつでもお使いになって下さい」とタイミングを見はからって伝えてあげると、訪問者も「ありがとうございます。では、お借りしてもよろしいですか」と言って借りやすくなるでしょう。訪問者が化粧室を使う場合、トイレットペーパーを使用したあとは三角には折りません。これは、清掃済みのサインなので、使用後に三角に折るのは間違いです。生理中の場合は、汚物は自分で持ち帰りましょう。そのために、ビニール袋を持参しておきます。このような事前の準備をマナー美人は怠りません。

おいとまとお見送りのマナー

お宅訪問をした場合、おいとまのタイミングに悩む人も多いことでしょう。自分から言いにくいかもしれませんが、時計

を見て「こんな時間になってしまいました。長々とお邪魔しまして、ありがとうございました」と切り出します。先方から「もう一杯お茶でも」とか「夕飯を召し上がって」と言われたら「次にもう一件、立ち寄りがありまして」などと言って失礼するとスマートです。

和室の場合は、56～57ページのとおり、座布団から下がり、畳の上で、お礼の挨拶をします。洋室の場合は、座ったままお礼を伝えお辞儀をしたのちに、立ち上がって再度お礼を伝えます。玄関では、靴が履きやすいように移動されていると思いますので、「恐れ入ります」と感謝の気持ちを伝えて、スリッパを脱ぎ、靴を履きます。そのあと、振り返ってスリッパのつま先を室内側に向けてそろえます。玄関で再度、「本日は大変ありがとうございました」とお礼を述べて、深々とお辞儀をして、失礼します。

見送る側は、「おかまいもしませんで」「また遊びにいらして下さいね」などと伝え、最後は「お気をつけて」と言って、玄関先まで出て見送ります。マンションの場合は、エレベーターやマンションのエントランスまで見送ってもよいでしょう。もちろん、バス停や駅まで自家用車で送って差し上げてもかまいません。そのときの状況や、関係性を考慮した上で、双方で話し合って決めましょう。注意点は、玄関ドアを閉めたあとに、すぐにカチャッとロックの音が訪問者に聞こえることのないようにすること、また、玄関の灯りや門灯もすぐに消さないような配慮をすることです。お見送りは、外に出て、訪問者が見えなくなるまで見送るのが正式です。

ホームパーティのマナー

【ホームパーティの装い】
招待状にドレスコードの記載がなくてもスカートをはくのがマナーです。
ただし、ミニスカートはNG。

お宅へ上がる場合は、必ずストッキングをはきましょう。素足はNG です。

【ホームパーティでのお手伝い】
お手伝いする場合は、必ずホストに確認。指示を受けてから動きましょう。

ホームパーティに招かれたら、参加の可否をきちんと先方へ伝えます。もしも伺えない場合は、「今回のお招きに心より感謝、お礼申し上げます。しかしながら、大変残念なことに、当日はどうしても都合をつけることがむずかしい所用が入っております。せっかくお誘い下さったのに、大変残念でございます。これに懲りずに、どうぞ今後ともよろしくお願い申し上げます」と丁重にお断りをします。

相手との関係の深さや、パーティの目的によっては、パーティの前日までに「当日みなさんで召し上がって下さい」という気持ちを込めて、みんなで飲めるドリンクなどを贈ると相手はとても感動することでしょう。お断りのしかたは、慇懃無礼にならないような配慮が大切です。

当日、パーティに参加するときの服装は、そのパーティの目的や趣旨によって、招待状にドレスコードの記載がありますので、それに従います。特にドレスコードの記載がなく、普段着でもよいパーティの場合でも、女性はスカートをはくのが正式な装いのマナーですが、ミニスカートはNGです。その他、お宅へ上がる場合は、必ずストッキングをはくこと。素足での訪問は御法度です。

ホームパーティでは、本来、招待客がホストを手伝うのはNG。しかし、インフォーマルなホームパーティで、招待された側がホストと親しい間柄であれば手伝って差し上げましょう。そのときには、勝手に行うのではなく必ずホストに確認をしたり、指示を受けて動きます。特に片づけは大変なので、了承を得てから、お皿をさげたり、お皿やグラスを洗いましょう。

接待をするときのマナー

相手の好みをチェック！

予算は上司に相談を。
支払いはスマートに！

喫煙か禁煙かをチェック！

相手が得意とする話題で、
会話は愉しく。

お店は自ら下見をし、
お店の人と打ち合わせをしておきましょう。

ひとくちに仕事で接待するといっても、お礼、お詫び、親交を深める、打ち上げなどさまざまな目的があります。目的に応じた接待をしましょう。

接待する側は、お客様の好みをリサーチします。お客様に喜んでいただけるよう、料理や飲み物の好みを秘書や部下にさりげなく尋ねておけば、当日それらを用意できるなど気の利いた演出ができ、相手は自分のために念入りに準備してくれたことを喜んでくれます。

次に食事のジャンルと人数を決定します。支払いの予算は上司に相談しておくこと。金額はその目的などにより異なりますが、目上の方がいる場合で、アルコール込みで１人¥10,000以上は見込んでおきましょう。コースを選ぶ際は、相手が部長クラス以上の場合は、最上級を。その他の場合は、真ん中くらいの金額のものを選んでおくのが無難です。あなたに上司がいる場合は、必ず上司に確認をとり、報告を忘れずに。これらが決定したら、予約を入れます。

当日は、先方よりも30分程度早めにお店に到着するように。お客様がいらしたら、おいしいアルコールと食事を愉しみながら、相手に「愉しかった」と思ってもらえる会話をしましょう。接待では、普段、仕事中には聞けないような趣味、ペットの話など、相手が興味ある得意とする話題で親睦を深めると良いでしょう。お開きは、会のスタートから２時間が過ぎた頃が目安です。

会計は、会社に請求書を発行してもらう場合でも、その場で支払う場合でも、お客様に支払っているところを見られないようにスマートなお会計を。車の手配など、最後の最後まで気配りを忘れずに。

Column

愛される女性の言葉遣い

■「すみません」に頼っていませんか？

「すいません」という言葉を使っていませんか？　実はもともと「すいません」という日本語はなく、「すみません」が正式。ただ、近年では多くの人が「すいません」を使っているので良しとなってきましたが、これは男性がよく使用しています。使用するのであれば「すみません」のほうが女性らしさを感じます。しかし、この言葉はさまざまな意味で用いられています。可能な限り意識をして、伝えたい気持ちをストレートにわかりやすく相手に伝える習慣をつけましょう。

お詫びの「すみません」→「申し訳ありません」

お礼の「すみません」　→「ありがとうございます」「おそれいります」

人に話しかける前置きの「すみません」→「失礼いたします」

どうしても「すみません」を使うときは、「すみません。ありがとうございます」や「すみません、今、お時間よろしいですか」など、必ず次に続く言葉を伝えるようにしましょう。

■間違えやすい敬語

「昨日は弊社にお越しいただきましてありがとうございました」

この表現は正しいと思われるかもしれませんが、「いただく」は謙譲語なので間違いです。正しくは、尊敬語の「下さり」を用い、「昨日は弊社にお越し下さりありがとうございました」と言います。この他にも、「ランチをお召し上がりになった」「お客様がおっしゃられた」のような二重敬語も現代はNGとなっています。「召し上がる」自体が尊敬語なので、さらに「お」をつけることはせずに、正しくは「ランチを召し上がった」となります。また、「おっしゃる」と「られる」が尊敬語なので、二重にせず「お客様がおっしゃった」と言います。

普段から敬語を使うように心がけ、敬語に慣れていくことができれば、慌てず落ち着いて正しい敬語が使えるマナー美人になれますよ。

Ⅱ

食事のマナー

4 西洋料理のマナー

お店への入り方・コートの脱ぎ方

【コートは男性に脱がせてもらいましょう】

貴女がコートのボタンをはずして両肩までコートを下ろすと、男性は後ろからコートの肩の部分を持ち、手首まで下げて脱がせてくれます。

脱がせてもらったら、忘れずにお礼を言いましょう。

初めてのデートや記念日には、ちょっとオシャレなレストランに連れて行って欲しいな、と思うのが女心。貴女のためにお店を予約なんてしてくれていたら、もうお姫様気分になっちゃいますね。反対に、行き当たりばったりのおでん屋や焼き鳥屋に入るのも、オシャレですよ。いずれにしても、どんなお店に行っても貴女が食事のマナーの知識を知っていれば、緊張することも困ることもありません。

本章では、さまざまな食事のマナーについて一緒に学んでまいりましょう。

お店の予約は、男女の場合は男性が、接待の場合は誘った側が行います。お店に入るときは、ドアを開けるのは男性（仕事のときは、接待をする側）。お店の中に女性が先に入るレディファーストはイギリス式、男性が先に入るのがフランス式です。ですから、どちらも間違いではありません。コートを着ていたら、男性にコートを脱がせてもらいましょう。

コートやジャケットの脱ぎ方は、まず、貴女がコートのボタンを開けて、両肩までコートを下ろしたら、男性は後ろからコートの肩の部分を持ち、手首まで下げます。男性はコートを裏表にしてお店の人に預けます。預かり札をもらったら、なくさないように注意。脱がせてもらったら「ありがとうございます」のひと言を忘れずに。ジャケットも同様です。緊張しないで、堂々と笑顔で振る舞いましょう。

席に案内されるときは、お店の人につづいて、女性、男性の順で歩いていきます。男女の場合は、女性が上座に座ります。座り方は38～39ページを参照して下さい。

バッグの置き方とメニュー選び

「何が食べたい?」と聞かれたら正直に食べたいものを伝えましょう。

注文はドリンクから。
アルコールが苦手な場合、おつきあいする態度を示し、そのあとソフトドリンクを頼みましょう。

【席に着いたら】

バッグは、小さなバッグであれば、椅子の背もたれのところに置きます。また、少し大きめのものであれば、自分の左足元テーブルの下に置きます。椅子は左から出入りするからです。バッグを左手で持って椅子の左側に立ちます。椅子に座ったら、左手に持っているバッグを左足元のテーブルの下に置くとスムーズで美しい動作となります。席をはずすときは、左手でバッグを持って立ち上がり、左側から出ます。大きな荷物は、最初に受付で預けましょう。

席に着いたら、メニュー選びからスタートです。基本的にメニュー選びとオーダーは男性にお任せします。理由は、男性が支払いをしてくれることが多いからです。だからといって「どうせごちそうしてもらえるんだから、思いっきり高いものをオーダーしちゃおう！」などという気持ちはご法度ですが、男性が「何が食べたい？」と聞いてきたら、正直に食べたいメニューを伝えてもOK。

最初は、ドリンクから注文します。もしも貴女はアルコールが苦手で、相手は飲める場合でも、ファーストドリンクはおつきあいする態度を示すのがマナーです。そのあとで、ミネラルウォーターやノンアルコールカクテルなどのドリンクを注文してもらいましょう。

ちなみに、海外では、日本のように無料でお水は出てきません。日本でもお店によっては、ミネラルウォーターがドリンクメニューに入っています。このような場合は、炭酸ガス入りとガスなしのボトルのどちらかを選べますので、好みのお水をオーダーします。

4 西洋料理のマナー

ナプキンの使い方

ナプキンは、
2つ折りにして
山になったほう
をお腹側にし、
腿から膝の上
に置きます。

【中座のサイン】
クシャッとさせたまま
椅子の上に。食事中
は、テーブルの上に
置いてはいけません。

ナプキンは2つに折っ
た内側を使います。
汚れた箇所が見えず
服も汚れません。

【ナプキンを床に落としてしまったら】
そのままにしておきましょう。お店の人が気づいてくれれば、そっと新しいナプキンを持ってきてくれるはずです。もし、気づいてもらえないときは、お店の人を呼んで「すみません。ナプキンをもう1枚いただけますか?」とお願いしましょう。

ナプキンは、ドリンクがきて食事のオーダーのあとに、膝《ひざ》の上に広げます。ナプキンを取るタイミングは、主賓が取ったら自分も取ると覚えておきましょう。したがって、男性と2人の場合は、貴女が主賓となるので貴女が先にナプキンを取ります。ナプキンは、2つ折りにして、山になった側を自分のお腹側に向けて腿《もも》から膝の上に置きます。結婚披露宴のときなどは、着席をして、乾杯が終わったらナプキンを広げます。

フィンガーボウルで濡れた手や、口などは、二つ折りにしたナプキンの上内側で拭きます。内側で拭くと、汚れた箇所が外から見えませんし、洋服を汚すこともありません。45㎝×45㎝の大きさのナプキンは、二つ折りにせず、広げたままでもOK。その場合は、上側でふきます。

男女問わず、世界的に共通の中座のサインは、ナプキンをクシャッとさせたまま椅子の上に置くのが正式です。これは、ナプキンは自分の口を拭ったりするものなので、まだ同じテーブルで食事中の人がいるときに、自分の汚したものをテーブルの上に置くことはおいしい料理を召し上がっている最中の他の人に対して失礼になるからです。食べ終わったときも、クシャッとさせてテーブルの左側に置いて退席します。

近年、日本では中座のときは、椅子の背にたたんでかけておく、またはナプキンを四つ折りにしてお皿の下から垂らしておくというサインもあります。しかしこれらは、海外では理解されない場合もあるので、日本国内だけのスタイルだと心得ておきましょう。また、帰る際にキレイにたたんで退席すると、「サービスに満足しなかった」という意味になります。クシャッとさせることに抵抗のある人は、日本では軽く畳む程度にすると良いでしょう。

テーブルマナーの形式は相手に対するサインです。相手がその形式を理解していないと意味がありません。マナーの1つ1つの理由を大切にして、美しいしぐさを魅せましょう。

シャンパン・ワインの飲み方

【乾杯のしかた】
「かんぱい」と言いながら、グラスを持った手が鼻の位置と平行になる高さまであげて一度手をとめ、ニッコリします。グラス同士はあてないようにしましょう。シャンパンやワイングラスは大変繊細なつくりになっています。

グラスに口紅がべったり…なんてことにならないためにも、食事前にティッシュオフしましょう！

ワインは香りも愉しむもの。香水のつけ過ぎ、タバコは控えましょう！

シャンパンやワインを注いでもらうときは、貴女は、にっこりと座ったままでOK。グラスを持って注いでもらう必要はありません。シャンパンやワイングラスの持ち方は、親指と人指し指、中指の3本でステム（脚）の部分をしっかりと持ち、薬指、小指はそろえて軽く添えるようにします。64ページのイラストのとおり、小指は絶対に立てないように。シャンパンやワインは、味はもちろんのこと、その美しい色や気泡の美しさを視覚で愉しむものですが、とてもデリケートな飲み物でもあります。

手のぬくもりでその味も変化してしまいますから、ボウル(口をつけるボディ)部分に手を触れないように注意しましょう。ただし、赤ワインの場合はその限りではありません。また、この持ち方にも諸説あります。例えば、宮中晩餐会などのシーンで、VIPがボウルの部分を持っている写真をみかけます。これは、ステム(脚)を持つと安定しないとか、ステムを持つのは、お店の人の所作であるなどといわれています。大切なことは、周囲の人に合わせたスタイルで持つことがマナーとなります。

テイスティングは、男性と一緒であれば、男性にお任せします。テイスティングをする際は、色を見て、香りと味わいを感じるだけで十分です。色は、テーブルにグラスを置いたままでワインの色を確認します。香りは、飲む前に鼻の前で確認します。特に赤ワインの場合は、グラスをテーブルに置いたまま手を添えてゆっくりと反時計回りで2、3回グラスをまわし、酸素と触れるようにします。ワインに空気を含ませることによって、香りや味を立たせるのが目的です。その後、グラスを持って鼻の下で香りを確認します。反時計回りにする理由は、時計回りにまわすと、万が一グラスの中のワインが飛び散ったら、前や右斜め前に向かって飛び、他の人に迷惑をかけるからです。反時計回りの場合は、自分側に向かってこぼれることになり、他人への配慮から反時計回りに行うのです。味は、少量のワインを口にふくみ、味と後味を確認します。テイスティングのときは、「けっこうです」と伝えてOKのサインを。乾杯をするときは、グラス同士をカチャンと当てません。繊細で割れやすいグラスに対する思いやりからなるマナーです。

カトラリーの持ち方・使い方

【食事休みのサイン】
イギリス式（左）：ナイフを下にしてその上にフォークをクロスさせます。
フランス式（右）：お皿の中でハの字にして置きます。

【食事終了のサイン】
イギリス式（左）：6時の位置に置きます。
フランス式・アメリカ式（右）：3時の位置に置きます。フランス式は4時の位置でもOK。

【フォークの背で食べにくいときは？】

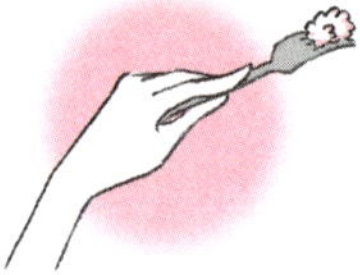

イギリス式：食べにくいグリーンピースなどは、あらかじめフォークの背で軽くつぶして背にのせると安定して食べやすくなります。

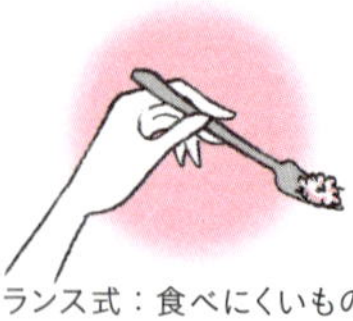

フランス式：食べにくいものはフォークのはらを使ってもOK。

食べるときは、上半身をテーブルの上に移動させます。頭の上から腰はまっすぐにして、首や背中を丸めないに意識しましょう。

フォークやナイフなどのカトラリーは、出てくる料理の順番に合わせて並べられているので、外側から使っていきます。

カトラリーの持ち方は、脇を締めて、基本は、右手(利き手)にナイフ、左手(利き手と反対の手)にフォークとなり、人差し指で押さえながら食べます。ただし、フィッシュナイフの場合は、人差し指で押さえません。お魚料理はさほど力をいれなくても切れやすいからです。フォークは背を上にして、使用します。

食べるときの姿勢は、テーブルとお腹の間は、握りこぶし1個分が入る間隔で座り、ソースなどをこぼさないように、上半身をテーブルの上に移動させていただきます。このときに、頭の上から腰はまっすぐにして、腰を前に倒していきます。首や背中を丸めないように意識をすると美しく見えます。

食べている途中でワインを飲みたくなったときやナプキンで口を拭きたいときなどは、カトラリーを持ったまま他の動作は行いませんので、一度、カトラリーを置きます。このときの食事休みのサインは、イギリス式とフランス式、アメリカ式があります。また、食事を終えたときのカトラリーの置き方も、同様にイギリス式とフランス式、アメリカ式があります。

大皿から取り分けるような料理で、大皿にサービススプーンとサービスフォークが添えられている場合は、それらを使います。正式には片手で扱うものですが、片手で扱いなれていない場合は、サービスフォークは左手(利き手と反対の手)、サービススプーンは右手(利き手)で持ちます。まず、サービススプーンでお料理を少なめにすくったら、サービスフォークで押さえながら自分のお皿へと移します。

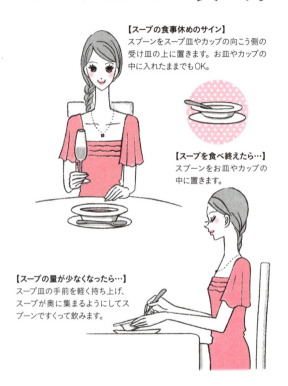

スープとパンの食べ方

【スープの食事休めのサイン】
スプーンをスープ皿やカップの向こう側の受け皿の上に置きます。お皿やカップの中に入れたままでもOK。

【スープを食べ終えたら…】
スプーンをお皿やカップの中に置きます。

【スープの量が少なくなったら…】
スープ皿の手前を軽く持ち上げ、スープが奥に集まるようにしてスプーンですくって飲みます。

　スープは、飲むとはいわず、食べるというのが正式です。スープの食べ方には、イギリス式とフランス式ではスプーンの使い方や使わない手の置き場所に違いがあります。イギリス式では、スープはスプーンを手前から奥へと動かし、使っていない手は膝の上に。一方フランス式では、スープはスプーンを奥から手前に動かしてすくい、もう一方の手は、テーブルの上に出しておきます。スプーンの形状が丸いスプーンは横側から、先が細くなっている場合はスプーンの先から口に流し込みます。また、取手が片方、もしくは両方についているスープカップは、取手を持って直接口をつけて食べてもかまいません。スープの具は、スプーンですくって食べますが、スプーンを使うときは、カップは置いたままにします。

スープが熱い場合は、スプーンの背にスープの表面をつけて冷まします。

スープの量が少なくなってきたら、スープ皿の手前を軽く持ち上げ、スープ皿を奥へと傾けて、スープが奥に集まるようにして、スプーンにすくって食べます。手前に傾けると、スープ皿の裏側を相手に向けることになるからです。

スープの食事休めのサインは、スプーンをスープ皿の中やカップの向こう側の受け皿の上に置いておきます。食べ終わったときは、お皿やカップの中にスプーンを置きます。

パンは一口大程度にちぎって食べます。パン皿がない場合は、テーブルクロスの上でちぎって、テーブルクロスの上に置いてかまいません。テーブルクロスに落ちたパンくずを片づけるのはお店側の役目ですので、そのままにしておきます。バターは、バターボールに添えられたバターナイフで適量のバターを自分のパン皿に取ります。食べる分だけちぎったパンに、その都度自分専用のスプレッドナイフでバターを塗って食べます。

魚・肉の食べ方

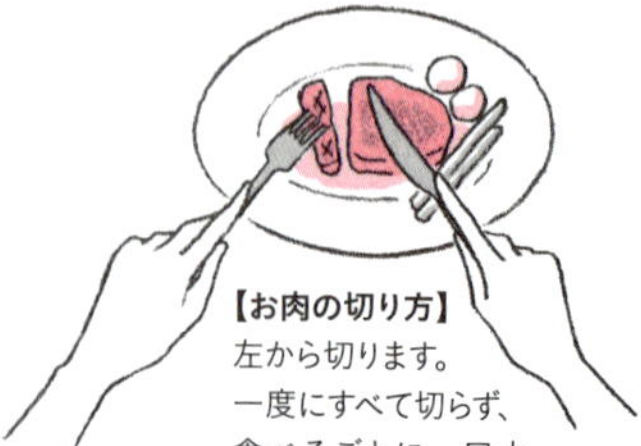

【お肉の切り方】
左から切ります。
一度にすべて切らず、
食べるごとに一口大
に切ります。

【骨付き肉の場合】
左からいただきます。骨の近くまでいったら、骨に沿ってナイフを入れ、骨と肉を切り分けます。ナイフを入れやすいように、お皿の中で肉をまわしてもかまいません。

フィンガーボウルが出てきたら、手で食べても良いというサイン。なければ、フォークとナイフで食べます。一般的には、手には持たないほうが良いでしょう。

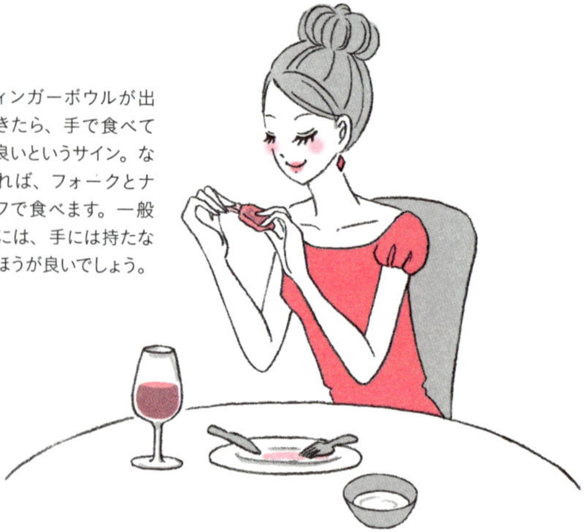

エスカルゴは焼き立てが出されます。利き手とは反対の手でエスカルゴの専用トング(ハサミ)を持ち、殻をしっかりと挟んで固定します。そのあと、利き手に持っているフォークを使って身を取り出します。殻の中のバターを食べたいときは、スプーンに注ぎます。生がきは利き手とは反対の手で殻を押さえて、利き手でかき用のフォークかナイフを使って貝柱をはずし、身をすくっていただきます。レモンは、周囲に汁を飛ばさないように注意してしぼります。カジュアルなレストランであれば、残った汁は殻を持って直接吸ってもかまいません。

魚や肉などは、左から一口大に切って食べます。切るときは、フォークをしっかりと身に刺し、ナイフで切ります。お肉の焼き具合を聞かれたら、自分好みの焼き具合を頼みましょう。肉の焼き具合は大きく「レア」「ミディアム」「ウェルダン」の3つに分けられています。ステーキを食べるときの注意点は、最初にお肉をすべて切ってしまわないことです。肉汁が出やすくなるのと、冷めやすくなるからです。一口大に切ったら、それを食べ、また、切って食べるようにします。

骨付き肉の場合は、最初は普通のステーキと同様に、左端からいただきます(フォークを右に持つ方は右端から)。骨の近くまでいったら、フォークで肉を押さえ、骨に沿ってナイフを入れて肉と骨を切り分けます。切り分ける際は、ナイフを入れやすいように、お皿の上で肉をまわしてもかまいません。フィンガーボウルがあれば、手を使って食べてもよいというサインとなります。しかし、カトラリーを使用して食べるほうがエレガントです。

フルーツ・デザートの食べ方

【メロンの食べ方】

1.

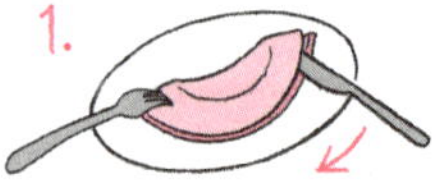

フォークをメロンの左端に刺し、右端から果肉と皮の間に沿ってナイフを入れます。

2.

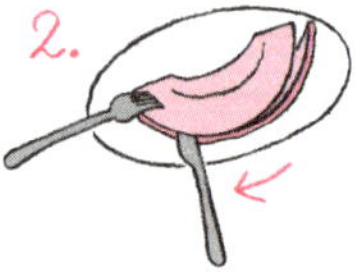

左端まできたら切り離さず…

3.

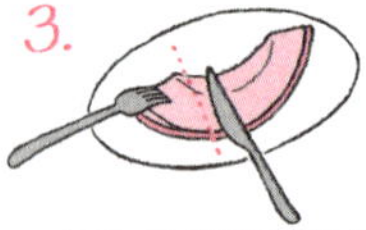

メロンを180度回転させ、左から一口大に切って食べます。

4.

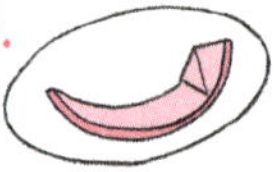

右端まできたら、つながっている果肉と皮を切り離し、最後の一口を食べます。

【ケーキ類の食べ方】

ミルフィーユは、最初から横に倒して切ります。

シュークリームは、手で食べてもOKです！

人前で食べづらいものはオーダーしないのもマナーのひとつです。

半月形に切って出されたメロンは、左手のフォークでメロンの左端(フォークを右に持つ方は右端)を刺し、右端より果肉と皮の間に沿って、ナイフを入れていきます。メロンはすべりやすいので、力を入れ過ぎずに、ゆっくりと進めましょう。利き手が右の人は左端にきたら(利き手が左手の人は右端)、フォークとぶつかるため、切り離せません。このように端まできたら、メロンを180度回転させて、利き手が右手の人は左端から、左手の人は右端から一口大に切って食べます。皮と果肉を切り離していない端まできたら、ここで、果肉と皮を切り離して最後の一口をいただきます。食べ終わったら、皮はお皿の奥に置き、手前にナイフとフォーク、またスプーンを出されたら上からスプーン、ナイフ、フォークの順でメロンの皮と平行になるよう、3時の位置にして置きます。

皮つきのオレンジは、手で皮をむきそのまま手で食べます。

ケーキの食べ方は、66〜67ページのとおりです。お皿の上でケーキが倒れそうになったら、フォークでゆっくりと倒します。食べている途中に倒れてしまった場合は、立て直したりせずに、そのまま食べましょう。

ミルフィーユなどのパイ菓子系は、ナイフやフォークを思いきって縦に切り入れます。形がくずれてしまうのはしかたがありません。最初から横に倒して切り入れ、一口大にしていただきます。シュークリームは、ナイフとフォークがあれば使用し、なければ、手を使って食べます。上の生地を左手前に置き、一口大に切って、クリームをつけて食べていくとエレガント。

フィンガーボウルの使い方

フィンガーボウルは、お皿の左向こうに置いてあります。

【エレガントなフィンガーボウルの使い方】
・水に浸すのは第二関節まで
・右手指→左手指の順で
・洗い終わったら、ナプキンの内側で水気をとります。

NG!
・音をたてて洗う
・どっぷり手をつける
・両手を一度につける

エスカルゴの殻を指で押さえたり、フルーツの皮をとったり、食事中に手が汚れたときに、フィンガーボウルを使います。フィンガーボウルとは、金属やガラスの器に水を入れたもので、汚れた指先を洗うものです。レモンや花びらが浮かべられていることもあります。

フィンガーボウルがテーブルの上にあれば、その料理は手を使って食べてもよいというサインです。用意されたフィンガーボウルは、メインのお皿の左向こうに置いてあります。使うときの注意点は、同時に両手を入れないこと、パシャパシャと音を立てないこと、そして、どっぷり手をつけないことです。

エレガントなフィンガーボウルの使い方は、水に浸すのは第二関節まで。最初に右手指から、つづけて左手指を片方ずつ軽く浸し、洗い終わったら、ナプキンで指先の水気をとります。

フィンガーボウルからは、マナーの本質を説く教えが生まれています。あるフォーマルなディナーの席で、フィンガーボウルの使い方を知らずに、フィンガーボウルの水を飲んだ人がいました。それを見た人々は、怪訝そうな表情をしたのですが、ある人は、それを真似て自分もフィンガーボウルの水を飲みました。それを見た他の人々は、自分たちがいかに本物のマナーを身につけていないかを恥じて反省し、その人を讃えました。

特にテーブルマナーでは、同じ空間で食事をしている人たちと有意義な会話を愉しむのが本来の目的です。人に恥をかかさないように、他人をフォローする思いやりと優しさが本来のマナー。このように心からのマナーを身につけている女性は、内面から美しく輝くオーラを放ち、愛される存在になれます。

おしぼりの扱い方

おしぼりは、手を清めるためのものです。

テーブルの汚れをおしぼりで拭いてはいけません！お店の方を呼びましょう。

粗相が気になるときは、懐紙やティッシュを使って拭き取ってもかまいません。

海外のレストランではおしぼりは出てきません。したがって、食事前には手を洗います。日本では、ほとんどのお店でおしぼりが出ますが、おしぼりは手を拭くものであって、テーブルや顔を拭くものではありません。

おしぼりは半開きにして、手を拭きます。おしぼりの温度は、季節や店内の温度を考慮して温めたり、冷たくして出してくださる場合がありますので、出していただいたら、すぐに使用しましょう。使い終わったおしぼりは丸めて置かず、軽くたたんでおしぼり台に置くか、膳の右側に置きます。

料理の食べこぼしなどでテーブルが汚れた場合は、原則として、おしぼりは使わずに、お店の方を呼んで拭いていただくのが正解です。高級料亭などのおしぼりは、殺菌されたタオル地のおしぼりが主流で、このタオル地のおしぼりは、醤油などがしみると再利用できなくなる可能性があるからです。しかし、どうしてもその粗相《そそう》が気になる場合は、懐紙（122ページ参照）やティッシュを使って拭き取ってもよいでしょう。万が一、おしぼりを汚してしまった場合は、お店の方に「申し訳ありません。お醤油をこぼしてしまって、こちらで拭かせていただきました」と言って、新しいおしぼりをもらいましょう。

このように、お店側にたってお食事をいただくことができるのもマナー美人です。ただし、使い捨てのおしぼりが出てきたときは、この限りではありません。

おしぼりにもさまざまな形態がありますから、お店側の意向や配慮を考えて、臨機応変な対応ができるのが本物のマナーを心得ている人のしぐさです。

ビール・日本酒の注ぎ方・飲み方

ビール瓶は、利き手で上から、反対の手で下から支えて持ちましょう。利き手がラベルにかからないようにしましょう。

【ビールの注ぎ方】

最初はゆっくり目に、すぐに勢いよく注ぎます。
ほどよく泡が立ったら静かに注ぎます。
泡：ビール＝3:7がきれいです！

ビールの注ぎ方は、ビール瓶のラベルを上にして、ラベルに手がかからないように、利き手で上から、利き手とは反対の手で下から支えて両手で持ちます。グラスと瓶が触れないように注意して、最初はゆっくり注ぎ始め、続いて勢いよく注ぎ、ほどよく泡が立ったら静かに注ぐのがコツ。泡とビールは3:7の割合がきれいです。また、ビールは注ぎ足しをすると味が落ちるので、お酌はグラスが空いてから行います。

日本酒の場合、徳利《とっくり》の胴の部分を一方の手で覆うように持ち、空いた手でおしぼりなどを下から軽く徳利の胴に添えて両手で注ぎます。このときに、相手の杯と徳利が触れないように気をつけ、また杯からお酒があふれ出ないように注意をしましょう。格式のある洋食レストラン・料亭などでは、お酌はお店のサービス係に任せ、何よりも相手が好む飲み物を召し上がっていただくことに気を配ることが大切です。

杯(お猪口《ちょこ》)は親指と人差し指で軽くつまみ、中指と薬指で底の部分を挟むように持ちます。小指は薬指に軽くつけます。女性の場合は、反対の手の指を杯(お猪口)の底に軽く添えて、両手で持つのが女性らしい美しい持ち方です。

お酒が飲めない人でも、乾杯時にはグラスを持ち、口をつけるしぐさを見せるのが大人のマナー。あとは、無理に飲む必要はありません。また、お酒をすすめられてこれ以上飲めないときは、片手をグラスや杯に軽くかぶせて、「ありがとうございます。もう十分頂戴いたしました」と、お礼とお断りの言葉を。そして、反対に相手にお酒をすすめます。体質的な問題などでお酒が飲めない場合は、飲めないことを正直に伝えても失礼にはなりません。

お箸の扱い方

【お箸の取り方】

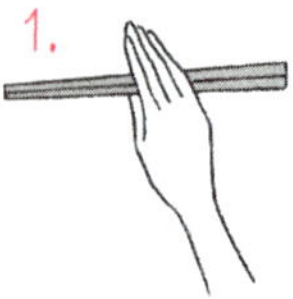

利き手で箸の中央あたりを持ちます。

逆の手で中央あたりを下から持ち、利き手は端にすべらせます。

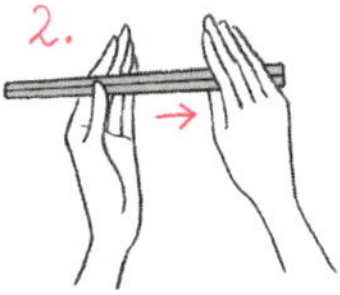

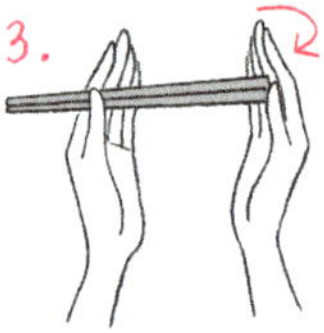

利き手を下から受けるように持ち直します。

【箸置きも折敷もないときは…】

箸袋で箸置きをつくりましょう。食卓を汚さず、見た目も美しく見えます。

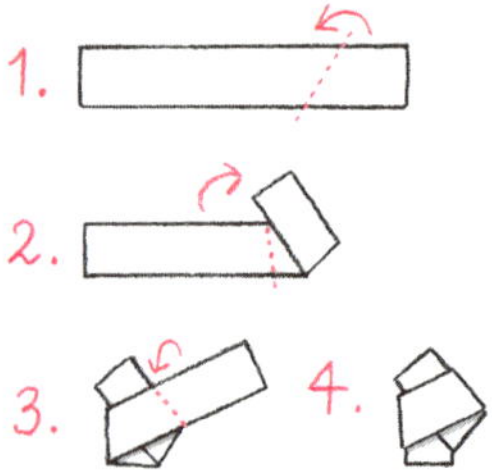

【食べ終わったら…】

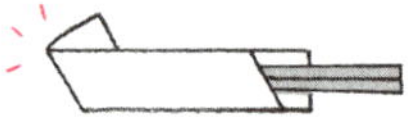

箸袋に戻し、先を折ります。

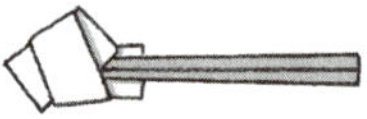

つくった箸置きの折り目の間に差し込みます。

お箸の取り方は、3ステップと覚えておきましょう。まず、利き手で箸の中央あたりを持って取り上げ、利き手とは逆の手を下から箸の中央やや左あたりへ添えます。そのまま利き手を箸の端へとすべらせ、下から受けるように持ち直します。

上の箸は人差し指と中指の第一関節で軽く挟み、下の箸は親指のつけ根と薬指の第一関節あたりで支えます。箸を使うときは下の箸を動かさずに、上の箸だけを動かして料理を挟むのが正しい使い方です。

箸を置くときは、箸の中央あたりを下から利き手でないほうの手で支え持ち、利き手で箸を上から持ち直して箸置きへと下ろします。和のマナーの原則に、最初に出されたときと同じ位置で終わらせるという考え方があります。その原則に従い、箸の先端を左にして置きます。箸置きへと置く際は、箸の先を約2〜3センチほど箸置きよりも先に出して、口にした部分が箸置きに触れないようにしましょう。箸置きがない場合は、折敷《おしき》の左ふちに箸先をかけておきます。

割り箸の正式な割り方は、膝《ひざ》の上で箸袋から横向きに引き出して、利き手が右の人は、左手で下側の箸をしっかり固定します。その後、真横に開くのではなく、上側の箸を右手で扇形を描くように先端から持ち上げるようにして割ります。なぜ、このようにするのかというと、真横に割ると、隣の人に腕が当たり迷惑をかける恐れがあるからです。マナーとは、相手の立場にたつことですから、誰にも迷惑をかけないように「上下」に割るのです。

箸の使い方にはさまざまなタブーがあります。例えば、箸を茶碗やお皿の上に置く「渡し箸」やどれを食べようかなと迷う「迷い箸」、こぼさないようにと一方の手をそえる「手皿」など。タブーの知識も身につけておきましょう。

日本料理のマナー

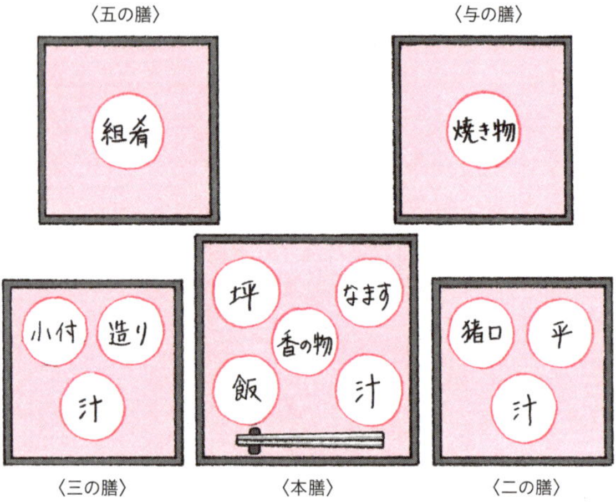

【本膳料理の膳組み】

　和食といわれる日本料理にはいくつかの形式があり、日本で独自に発達した料理を指します。普段の生活になじみ深い料理でも、他国色の強い料理は除外されます。

日本料理の種類は、本膳料理、これが簡略化された会席料理、一時の空腹をしのぐところから生まれた懐石料理や精進料理、普茶料理があります。

和食を食べるときは、結婚指輪以外の指輪ははずします。それは、器に傷をつけないためです。日本料理の器は、塗り物、漆器、陶器、磁器など、デリケートな素材でできているので、取り扱いには十分に気をつかう必要があります。したがって、器同士を重ねることはしません。器同士で傷をつける可能性があるからです。また、取った蓋は折敷《おしき》の外に、つまみ(高台《こうだい》)を下にして置きます。蓋についているしずくを、テーブルなどに落とさない配慮からです。折敷の中、右側におくスペースがあれば、置いても構いません。一方で、つまみを上にしたまま置くという説もあります。これは、つまみ部分を下にすると、そこがすれて器を痛めるからという考えからなるものですが、現代ではつまみ部分を下におくのが一般的となっています。

相手の立場にたつマナー。相手とは、人間以外の物も含まれます。物を大切にできない人は、人を大切にすることもできないと思われてしまいますよ、との教えです。

日本料理の食べ方の基本は、美しい盛りつけを崩さないように食べる、という基本があります。盛っていれば、上から、そうでなければ手前から食べる、という原則があります。

器を取り寄せたり、持って食べるときは、一度箸を置き、両手で持ち上げます。箸でお皿を引き寄せたり、片手で引きずるのは、器の底で卓上や盆上に傷をつけたり、料理をこぼす原因となるので厳禁です。

5 日本料理のマナー

日本料理の食べ方

1.

右手→左手の順で器を持ち上げます。

2.

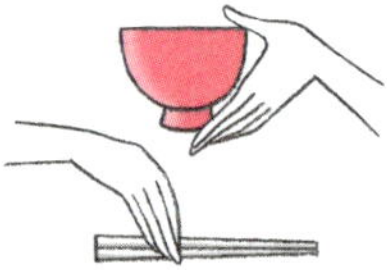

利き手と逆の手で器を持ち、
利き手でお箸を取り上げます。

3.

器を持っている手の中指と薬指の間に
お箸の中央より少し先を挟みます。

4.

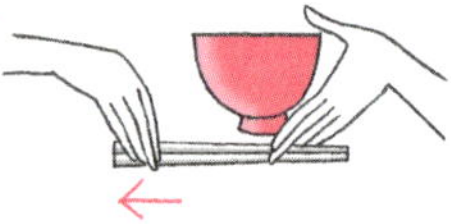

利き手をお箸の端にすべらせ…

5.

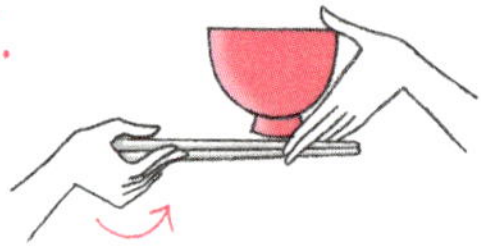

お箸の下側にすべらせて完了です！

【器を持ったあとのお箸の持ち方】

正式な席では料理の出される順番が決まっていますから、その順に従って食事をしていきます。例えば、会席料理の場合は、酒の肴から始まります。ご飯と汁は最後に出てきますが、このときは、すでにお箸を使用しているため、箸はしめっていますから、最初に食べるのは、汁でもごはんでもどちらでも良いとされています。一方、懐石料理の場合は、最初からごはんと汁がでてきますので、最初に汁を、続けてごはんを食べるといわれています。また、茶懐石の場合は、最初に炊きたてのご飯をいただき、次に汁をすすります。その後にお酒や酒の肴が続きます。香の物をご飯の上にのせて食べることはNGです。また、会席料理では、ご飯や汁を食べる前に、香の物を食べると、今までの食事がおいしくなかったというサインになるので要注意です。

お椀の蓋を取るときは、利き手が右手の場合、左手を椀の脇に添えて、右手で蓋のつまみ(高台《こうだい》)をつまみます。蓋が密着してはずれない場合は、右手で椀を添え、左手の親指と人差し指で椀の上縁を前後から軽く押さえます。そのまま少し力を加えると、お椀の中へ空気が流れ込み、蓋が動くので、右手で蓋をとります。蓋は手前から奥へと開け、内側にたまったしずくを、お椀の縁にたてかけるようにしてきります。

取ったお椀の蓋は、つまみ(高台)を下(上にする説は103ページのとおり)にして、折敷(盆)や膳の外、右側に置きます。食べ終えたら、最初に出てきたときと同じように、それぞれの器に蓋を置きます。蓋を逆さにしておくのを見かけますが、このようにすると蓋を傷つける恐れがあるのでNG。

和食では、椀や小鉢など手のひらにのる器は手に持ち、それ以外の器は折敷(盆)や膳に置いたままでいただくのがマナー。煮汁などが落ちやすい煮物を食べる場合は、懐紙(122ページ参照)を小皿代わりとして添えます。懐紙がない場合は、蓋を小皿代わりに使用してもかまいません。刺身も懐紙を使用したり、醤油の小皿を受け皿にして食べます。「手皿」や「犬食い」はしないように気をつけましょう。

お刺身・お寿司の食べ方

【お刺身の食べ方】

お刺身は味の淡白なものから
濃いものへ（白身→赤身）

山葵は醤油に溶かさず、
お刺身の上に少しのせて
食べます。

【にぎり寿司の食べ方】

小皿や懐紙で受けて優雅に
口に運びましょう。

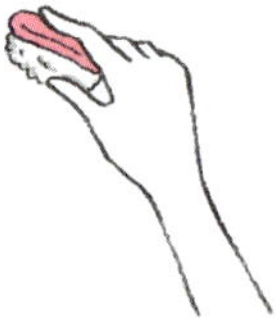

にぎり寿司を手で食べるには、
親指と中指で両脇を軽くつまみ、人差し指でネタの上を押さえるように持ちます。

お刺身は、味の淡泊なものから濃いものへと箸をすすめるのが基本です。したがって、白身と赤身があれば、白身から食べるほうが素材の味がよくわかり、よりおいしくいただけます。山葵《わさび》は醤油に溶かさずに、香りや風味を楽しむために、お刺身の上に少しのせて食べます。食べるときは、醤油を垂らさないように、小皿を口元まで近づけて食べると安心です。懐紙があれば、それを小皿代わりに使用しても良いです。お刺身に添えられたつまやしそは飾りではなく、魚の生臭さを消すためのもの。また、消化を助ける役割もあるので、お刺身と一緒に、もしくは交互に食べるとよいでしょう。花穂じそなどの薬味は左手で持ち、箸を使って醤油の小皿へしごき落とすのが基本ですが、箸使いに自信がなければ、手で取って醤油に落としてもマナー違反ではありません。

にぎり寿司は、箸でも手でもどちらで食べてもOK。ただし、1人前ずつ器で出されたら箸を使うほうがエレガント。カウンターなどに座って目の前で握ってもらうときは、手で食べるほうがツウと言われていますが、箸で食べてもかまいません。手で食べる場合は、親指と中指で両脇を軽くつまみ、人差し指でネタの上を押さえるように持ちます。そのまま軽く持ち上げたら、ネタの先に醤油をつけて食べます。箸で食べる場合も、ネタの先に少しだけ醤油をつけます。

軍艦巻きの場合は、倒したりせずに、そのままつまんで海苔の下部に醤油をつけて食べます。にぎり寿司を食べるときは、ご飯がポロポロとくずれないように気をつけて。お寿司は基本、ひと口で食べます。

6 中国料理のマナー

回転台のまわし方・中国箸とレンゲの扱い方

【回転台と席次】

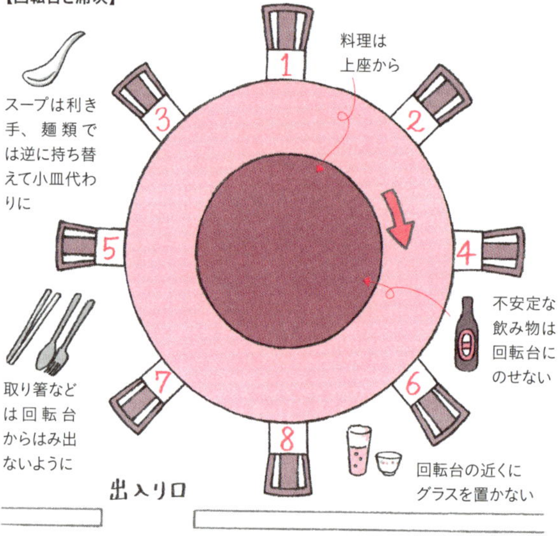

スープは利き手、麺類では逆に持ち替えて小皿代わりに
料理は上座から
1
2
3
4
5
6
7
8
不安定な飲み物は回転台にのせない
取り箸などは回転台からはみ出ないように
回転台の近くにグラスを置かない
出入り口

（番号は席次を表します）

回転台は必ず、ひと声かけてまわします。

中国料理は和気藹々と愉しみましょう。
とはいえ、目上の人を敬う気持ちは忘れずに！

中国料理はみんなで同じお皿の料理を取り分けて食べる格式ばらない料理です。食べ方は、和気《わき》藹々《あいあい》と食べる順番や作法にこだわらないで愉しむべきだといわれています。とはいえ、目上の人などの相手を敬う気持ちを忘れないで。回転台にある料理は、上座の人から取り、時計回りにします。

まわすときはゆっくりと、ほかに料理を取っている人がいないことを確認してからまわします。また、ビール瓶などの不安定なものは、回転台にはのせません。さらに、回転台の近くにグラスなどを置かないように、また、サーバーや取り箸が回転台からはみ出ないように気をつけます。回転台はパブリックスペースです。まわしたいときは、黙ってまわすのではなく、「まわしてもよろしいですか」とひと言、お声かけをするのが愉しく食事をするためのマナーコミュニケーションです。

中国箸は日本の箸よりも長く、先端がとがっていないものが一般的です。中国箸では日本の箸のように、両手を使って持ち直す作法はありません。本格的な中国料理では、用意された箸は縦向きに置かれています。その場合、テーブルから少しはみ出して置かれているので、その部分を下から持ち上げるようにして取り上げます。また、箸を真横におくと食事終了の合図となります。しかし、最近では日本式に箸を横に置く店も増えています。最初に箸が出された向きに準じるのがよいでしょう。

レンゲの持ち方は、人差し指を溝に入れて、柄の部分を親指と中指で挟むようにして持ちます。スープを食べるときは利き手で。麺類を食べるときは、レンゲは利き手と逆の手に持ち替えて、小皿代わりに使います。

乾杯のしかた・料理の取り方

【料理の取り方】

取り皿は、料理ごとに取り替えます。特殊な盛り付けの料理は、形をくずさないように端から取り分けていきます。最後の人が取り終わるまで、食べ始めないようにしましょう。

中国料理で出されるお酒は、紹興酒《しょうこうしゅ》やビールが一般的です。お酒は前菜の途中か終わり頃に、招待主が主客から順に注いでいきます。全員に行きわたったら、一同起立して乾杯します。乾杯はグラスを右手で持ち、左手を添えて額まで掲げ、感謝の意を表してすべて飲み干し、最後に飲み干したグラスを相手に見せます。お酒を飲めない場合は、ポーズだけでもするのが、招待主に対する礼儀です。

料理は大皿に盛り付けて出され、そこから自分の取り皿に取り分けるスタイルが一般的です。大皿料理を取るときは、隣の人に「お先に失礼します」のひと言を。また、最後の人が取り終わってからみんなで食べ始めるので、取り分けるときには、時間をかけないように心がけましょう。

大皿から取り分けるときは、取り分け用の箸やサーバーを使います。もしも用意されていない場合は、お店の人に頼んで取り分けてもらいます。ただし、友愛を表すという意味で、自分の箸を使って取り分けてもOK。このとき、箸を逆にする必要はありません。

取り皿は、同じ取り皿でさまざまな料理を取ると味が混じってしまうので、料理ごとに取り替えます。深めの取り皿には汁気のある料理を、平皿には揚げ物などを取ります。

サーバーとは、大皿料理の取り分けに使う大き目のスプーンやフォークのことです。使ったサーバーは、回転台からはみ出さないように、元の位置へと戻しましょう。はみ出すように置いてしまうと、回したときにテーブル上のグラスや瓶に当たり、危険です。

中国茶の種類と飲み方

茶壷、茶海、茶杯とお湯を移して温めます。

茶葉を入れ、高い位置から熱湯をたっぷりと注ぎます。

茶壷に蓋をし、上から熱湯をかけて外からも温めます。

茶海に移して濃さを均等にします。

茶杯に注ぎ分けます。

【中国茶のいれ方】

中国茶は茶葉の発酵度合いによって、緑茶、白茶、黄茶、青茶、紅茶、黒茶の6種類に分けられます。

緑茶は、中国茶の中でもっとも飲まれている種類です。ビタミンCが豊富で、気分をすっきりさせる効果もあります。白茶は、白い新芽のみで生成したお茶で、ソフトでデリケートな味と清らかな香りを持ちます。生産量が少なく高価なお茶として知られています。黄茶は、白茶と同様、生産量が少ない高級茶です。日本ではあまりお目にかかれません。青茶は、香りが高くなるように作られたお茶で、日本では烏龍茶が有名です。血液中の中性脂肪を減少させる効果があり、脂っこい食事のあとに飲むのが適しています。紅茶は、特有の香りと風味がしますが、渋みや苦味の少ないのが特徴です。黒茶は、消化を促進して脂肪を洗い流す効果があり、食後によく飲まれます。日本ではプーアル茶が有名です。

中国茶芸とは、お茶をおいしくいただくための作法です。ただし、日本の茶道のように事細かな決まりはありません。心にゆとりを持って、愉しい会話やおいしいお茶を、心豊かな気分でいただくのが中国茶芸の基本です。

中国茶は、茶杯《ちゃはい》というお猪口《ちょこ》ほどの大きさの、小さめの茶器でいただきます。飲み方は、茶杯の口を利き手の親指と人差し指で挟み、底を薬指で支えるようにして持ちます。利き手と反対の手は茶杯に軽く添えて、両手で口まで運びます。蓋付きの茶碗で中に茶葉が入っている場合は、まず利き手で蓋を少しずらし、お茶の葉が口に入らないように気をつけながら、少しずついただきます。

7 立食パーティのマナー

立食パーティでの基本マナー

立食パーティの目的は、人との交流です。パーティ前に、軽く食事をとっておくくらいの余裕を持っておきたいものです。

コートや大きなバッグはクロークに預け、パーティ用の小さなバッグを準備しましょう。

ヒールは低めが、おススメです。高くても太めの5センチヒールで。ピンヒールは避けましょう。

【立食パーティスタイル】

立食パーティでは、ほとんどの時間を立って過ごしますし、料理を取って会場を歩くので、会話や食事、移動などにスマートな身のこなしが求められます。ですからパンプスは、ピンヒールでないタイプを選びましょう。ヒールは少し太めで、高くても5センチヒールを選ぶと安定感もあり、見た目も美しくおススメです。また、服装は事前にドレスコードを確認しておきましょう。女性は、フォーマルな席では、パンツよりもスカートで。大きなカバンは邪魔になるので、パーティ用の小さめのバッグを別に準備しておき、それに貴重品と名刺を入れ、コート類や大きな荷物はクロークに預けるのがスマートです。立食パーティでは、乾杯の時間までには入場しておくようにしましょう。

人から話しかけられたら、お皿は近くのテーブルに置き、食事を中断させます。立食パーティの目的は、あくまで人との会話と交流。「パーティ参加費分の食事をしなきゃ損」などという考え方はマナー美人には御法度。したがって、パーティ前には、軽く食事をとっておくくらいの大人の余裕を持って参加すると素敵に振る舞えます。

閉会の挨拶が終わるとパーティは終了です。主催者は多くの人と挨拶をしなければならないので、長話はせずになるべく手短にお礼の言葉を述べましょう。

入退場が自由なパーティの途中で帰る場合も、やはり主催者へは挨拶をして帰るのがマナーです。また、知人や途中でお話をした方にもひと言挨拶をしておくと、相手に心配をかけることなく、互いに良い気持ちになれます。

ビュッフェでのマナー

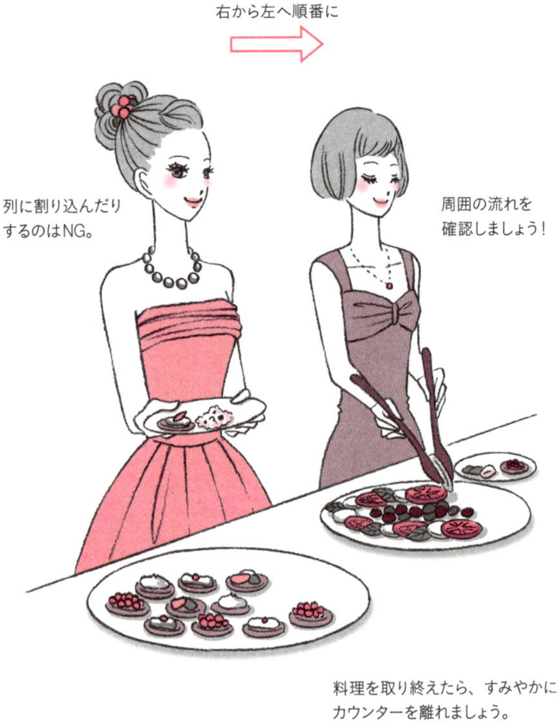
右から左へ順番に
列に割り込んだり
するのはNG。
周囲の流れを
確認しましょう！
料理を取り終えたら、すみやかに
カウンターを離れましょう。

【カウンターでの並び方】

立食パーティのときなど、セルフサービスで食事をいただくスタイルがあります。これは、料理をカウンターに並べて、お客様に自由に料理を取っていただく食事形式で、日本では「ビュッフェ」(buffet)スタイルと呼ばれています。

原則は右から左へと移動していくので、右端に並び、前の人のあとについて順番に料理をお皿に盛ります。そして、自分が食べたい料理を1皿に少量ずつ取ります。前菜は3種類ずつ、メイン料理は2品ずつぐらいを取り分けると美しいでしょう。料理の取り方の詳細については、次項「ビュッフェ料理の取り方」を参照して下さい。また、食べたい料理の前に直行し、並んでいる人に割り込んだり、右から左へと移動しているのに対し、左から右など、人と反対の流れをすることも厳禁です。他の人がどのような動きをしているか、しっかりと周囲を確認し、相手中心の目線でマナーある動作をしましょう。

カウンターから料理を取り終えたら、料理を取っている他の人の邪魔にならないように、すみやかにカウンターを離れましょう。また、食べ終わったら、お皿やカトラリーはホールスタッフに渡すか、サイドテーブルなどに置きます。カウンターには置かないように。2皿目をいただくときには、新しいお皿とカトラリーを使用します。グラスについても同様です。カウンターはあくまでも料理を取る人のために、あるものと心得ておきましょう。

料理のお皿を持って歩き回るのもNGです。移動するときは、グラスだけを持って移動するのが、エレガントなマナー美人です。

7 立食パーティのマナー

ビュッフェ料理の取り方

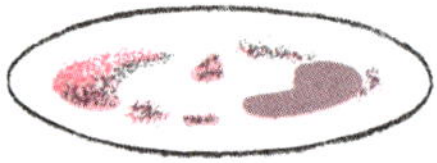

同じお皿は使わない。

冷たいものと温かいものを一緒にしない。

取ったものを残さない。

山盛りに盛りつけない。

食事ばかりに専念するのももちろんNG!

他の参加者との会話を愉しみましょう。

ビュッフェ料理のNG!

ビュッフェ料理は、コース料理と同様に前菜、スープ、メイン(魚料理や肉料理)、デザートの順番で、右から左へ並べてあるのが基本です。しかし、日本においては、日本料理や中国料理なども一緒に置いてある場合もあるので、この限りではありません。

ビュッフェ料理は盛り付けをくずさないように、並んでいるものは左から、積み上げられているものは上から順に取ります。サーバーが用意されている場合は片手で扱います。不慣れな人は、手前に取り皿を置き、両手を使って取り分けます。取り皿を置くスペースがなければ、利き手でサーバーを持ち、盛り付けられた料理をくずさないように注意しつつ少量ずつ取り分けます。

取り皿は1回に1枚が基本です。1皿を食べ終えて次の料理を取るときは、前項にもあるように新しい取り皿を使います。ソースが混ざりそうな料理は他のものと組み合わせないことがおいしく食べるコツであり、作り手の方に対するマナーです。また、冷たい料理と温かい料理は、1つのお皿に一緒に盛らないようにします。それぞれの特徴を生かし、お皿は分けて取って、それぞれの味を愉しみましょう。

自分で取った料理を食べ残すことはマナーに反すると評価をされますので、取る量をよく考えましょう。苦手な料理がある場合は取る必要はありません。

好みの料理は何度食べても差し支えありませんが、ビュッフェスタイルのパーティというのは、食事だけでなく他の参加者との会話を愉しむためのものです。食事ばかりに専念せず、多くの方とのコミュニケーションを愉しむことを忘れないようにしましょう。

お皿とグラスの持ち方

落としてしまいそうなら、無理せずテーブルに置きましょう！
すぐに握手などできるよう、利き手は空けておくのがマナーです！
・親指＆人指し指→グラス
・人指し指＆中指→お皿
・中指＆薬指→フォーク
食器類は自分の身体側に寄せて持ち、フォークの先は自分側に向けましょう。

立食パーティでは、グラスを胸の高さあたりに持つとエレガントです。冷たいドリンクの入ったグラスは、紙ナプキンでグラスの下半分を包んだり、底をくるんでおくと、持つ手がすべったり水滴が服に落ちたりするのを防げます。紙ナプキンがグラスにあらかじめ巻かれている場合は、はずしたりせずにそのまま持ちましょう。グラスを手から離さないように、しっかりと持つことを心がけて。

お皿とグラスを片手だけで持つときは、利き手でない手の人差し指と中指の間にお皿を挟みます。グラスは親指と人差し指持ち、フォークは中指と薬指の間に挟みます。このときに、薬指と小指は軽く曲げてお皿の底に添えると、安定させやすくなります。しかし、この持ち方は慣れないと非常に不安定です。慣れないうちは無理をせず、お皿か、グラス、どちらか一方をテーブルに置くのがよいでしょう。テーブルマナーは、決して背伸びをする必要はなく、何よりもその場にいる人々と愉しくコミュニケーションをとることが大切です。また、立食パーティでは、利き手を空けておくことが重要です。交流の場ですから、すぐに握手などができるようにするためです。

立食パーティでは、会場内の端に椅子が置かれている場合がありますが、こちらの椅子は、お年を召した方や体調不調の方などのためにありますので、椅子に座ったままの壁際の華にならないようにしましょう。

また、出入り口付近や、お料理が運ばれてくるスタッフ出入り口付近に立っているのは、迷惑になります。人の邪魔にならない場所に立つことも意識しましょう。

Column

懐紙を使いましょう

本書の中でも何度か登場する「懐紙」、みなさんはお持ちですか？ 懐紙とは、茶事で使用されている懐(ふところ)に忍ばせておく小さめの和紙で、器の飲み口を拭きとったり、菓子器に盛られた菓子を受け取ったり、食べきれなかったお菓子を包んだりするのに使うものです。「ふところ紙」「たとう紙」ともいいます。

お茶席以外でも、小皿の代わりにしたり、口元の汚れをおさえたり、お金を包んで渡したりなど、さまざまな使い方がされています。特に正式な和食の席では、洋食のように紙ナプキンが用意されていませんので、何枚か持参するのが女性のたしなみのひとつとされています。懐紙の準備がなければ、ティッシュペーパーを使ってもよいのですが、懐紙を使った方が、エレガントで女性らしい印象を与えてくれますので、常備することをおススメします。

懐紙は、和服の場合は胸元に入れておきますが、洋服の場合はバッグに入れておいて、席についたら目立たないところへと出しておきます。使用した懐紙は小さく折りたたみ、お皿の隅に置きます。懐紙には、無地のものだけでなく、ワンポイントや季節に応じた絵柄が入っているものもあります。特に、四季感を味わう日本の和食をいただくときは、懐紙にも四季のテイストを織り込む配慮があると、より一層食事を愉しむことができるでしょう。また、最近では、おしゃれな懐紙入れもたくさん販売されていますから、好みのものを選んで、愉しい気分で持つことができると思います。

このように、懐紙は利便性が高いだけでなく、貴女の女性度を上げてくれる小道具です。いつも懐紙を携帯して、さりげなく使える素敵な女性を目指しましょう。

Ⅲ

おつきあいの
マナー

気持ちを伝える招待状の返信ハガキの書き方

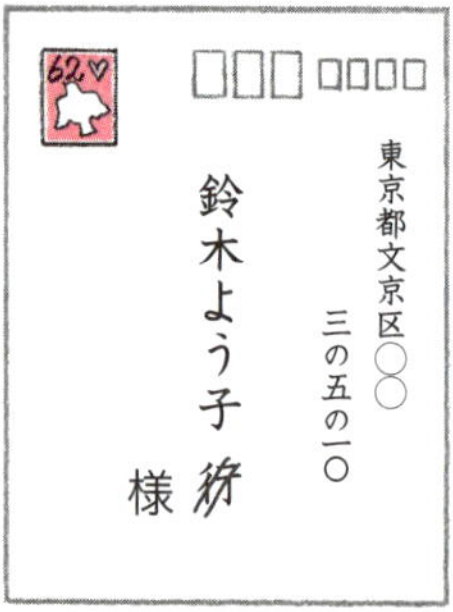

＜表書き＞

敬称の『様』の格付け

1. 様（えいさま・右下が「永」）
2. 様（つぎさま・右下が「次」）
3. 様（みずさま・右下が「水」）

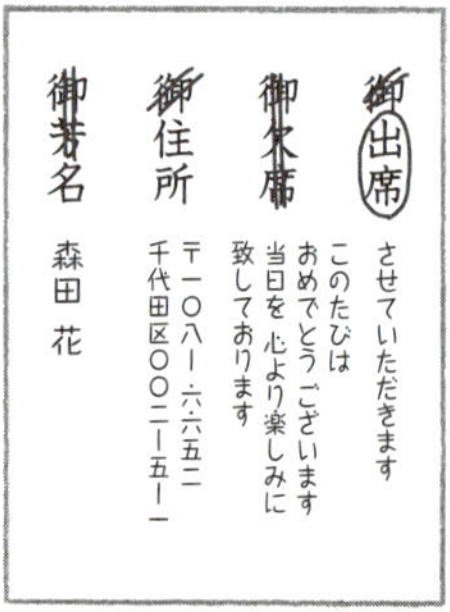

＜出席する場合＞

『出席』の右上に『喜んで』『慶んで』と書くといっそう、気持ちが伝わります。ここでは、自分が『喜んで出席する』という意味ですので、本来は『喜』を使用するのですが、近年では、お祝いの意がある『慶』を使用する傾向にあります。『慶』は、本来、「お慶び申し上げます」のように、相手に対して『慶び』を伝えるときに使用します。

また、目上の人へ返信する場合は、『ありがたく』出席させていただきますとしても良いでしょう。

ただし、右上に書き足すことをしなくても失礼にはあたりません。書き足すほうが、よりお祝いの気持ちを伝えることができるということです。

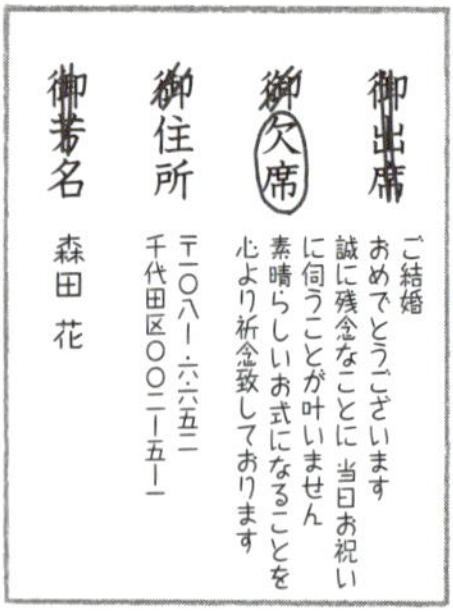

＜欠席する場合＞

欠席する場合、欠席の右上に、『申し訳ないことに』『残念ながら』とひと言、書き添えると貴女の気持ちが伝わるでしょう。この場合は、『欠席』の下に「にて お願い申し上げます」などと付け足すと、より丁寧になります。

結婚式や披露宴などの招待状をもらったら、差出人は返信用ハガキの出欠状況を見て、当日の料理や引き出物などの数を決めるので、返信の期日内に、なるべく早く返信しましょう。このとき、単に「○」「×」だけではなく、差出人に対して配慮あるひと言を書き添えるのがマナー美人です。

■出席する場合：返信用ハガキに記載された「御出席」の「御」と、「御欠席」のすべての字を2本線で消して、出席に○印をします。この「御」や名前を書く箇所の「御芳」は、あなたへの敬語なので返信時には忘れずに必ず消します。

■欠席する場合：出席時とは逆に、「御欠席」の「御」と、「御出席」を2本線で消して、欠席に○印をします。その下に、お祝いの言葉と欠席に対するお詫びのひと言を記します。このとき具体的な理由を伝える必要はありません。もし書く場合は「所用のため」など、婉曲に理由を添えます。

■表書き：宛名部分の「行」や「宛」の文字を2本線で消して、「様」と書き直します。また、自分の住所を書く欄に、郵便番号を書く欄がなくても、自発的に郵便番号を書きましょう。名簿の作成をおこなうかもしれない受け取る側に対する配慮です。相手からの指示や誘導がなくても心配りができる人は、人から愛され、ハッピーになれます。

もし結婚披露宴の日に訃報が入ったら、弔事を優先させます。やむを得ない理由で欠席することを告げて、祝電を送ります。このように、欠席する場合は、祝電とお祝いの品を贈り、祝福の気持ちを伝えましょう。

8 お祝いのマナー

水引の知識

【水引のいろいろ】

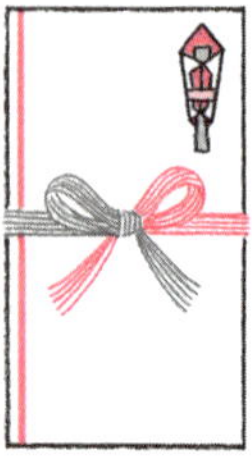

●蝶結び
結び目が簡単に解けて、何度も結び直せることから、婚礼以外の慶事や、年中行事、ご挨拶時の贈答品に用います。

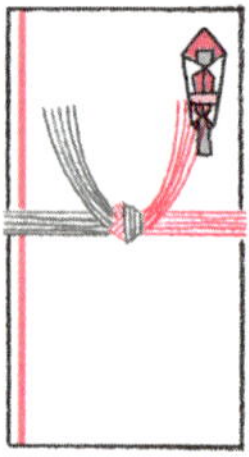

●慶事の結び切り
離れないことを願い、婚礼関係のときに用います。婚礼での水引の本数は、5本2束を夫婦に見たてた計10本のものがおススメです。

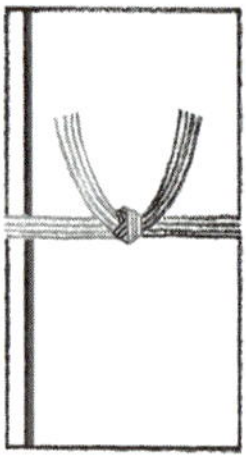

●弔事の結び切り
「二度と繰り返さない」という意味を込めて、弔事関係で用います。弔事ではのしは付けません。

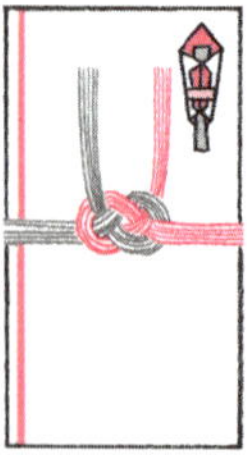

●慶事の鮑結び
慶弔を水引の色で使い分けます。慶事では、婚礼が金銀の水引、その他のお祝い事は紅白の水引、と使い分けてもよいでしょう。

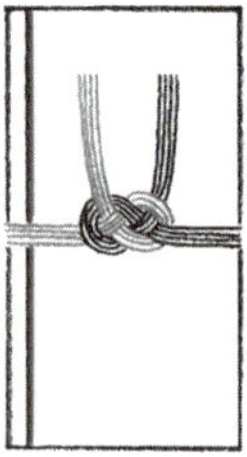

●弔事の鮑結び
弔事では、葬儀が黒白や双銀の水引、法要などが黄白や双銀とするのがよいでしょう。鮑結びでものしは付けません。

地域などのしきたり・慣習などにより、異なる場合もあります

水引とは、慶弔時に贈る品を包んだ和紙をしっかりと結び止めるために、和紙を撚《よ》って作った細い紐(こより)が変化したものです。使われる白色には清浄や神聖、穢れのない物を贈るという意味が込められています。

水引の本数は、慶事では奇数本数、弔事では偶数本数を使うのが基本。これは陰陽説における「偶数を陰数、奇数を陽数」との考え方からきています。慶事の場合、水引を5本束ねた「基本結び」が、もっとも一般的。「3本結び」は5本を簡素化したもの、「7本結び」は5本結びをより丁寧にしたものなので、相手との関係や贈り物の種類によって使い分けます。

弔事の場合は2～4本で結ぶのが一般的で、より丁寧にしたい場合は6本を使います。ただし、現在一般に市販されているものでは、5本や7本の水引が多くなっています。

結び方は、「蝶結び」「結び切り」「鮑《あわび》結び」の3種類が基本で、これ以外の結び方はこの3種類が変化したものです。それぞれの結び方には意味がありますので、しっかりと覚えて間違いのないように使い分けましょう。

■**蝶結び**：蝶結びは結び目が簡単に解けて何度も結び直せることから「何度繰り返してもよい」という意味があります。

■**結び切り**：結び切りは、固く結ばれて簡単には解けないことから「離れない」という意味があります。

■**鮑結び**：鮑結びは「結び切り」の変形。結び目が複雑に絡み合っていることから「解こうとすれば解けるが、容易には解けない」という意味と、互いの輪が結び合っていることから「いつまでも良きおつきあいを」という2つの意味があります。

祝儀袋の包み方

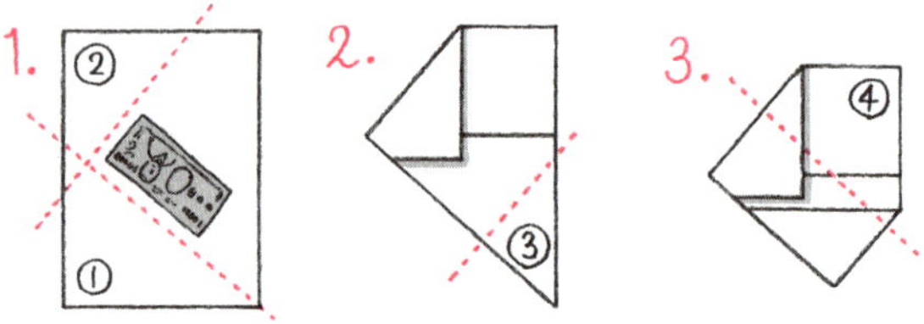

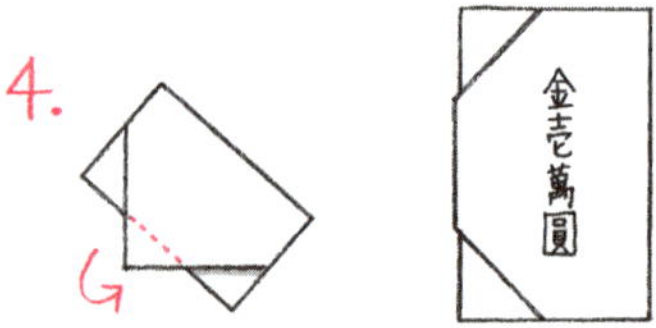

【中包みの折り方】
紙幣の表が中包みの表面にくるように置き、左下→左上→右下→右上の順で折ります。表面に漢数字で金額を記入します。

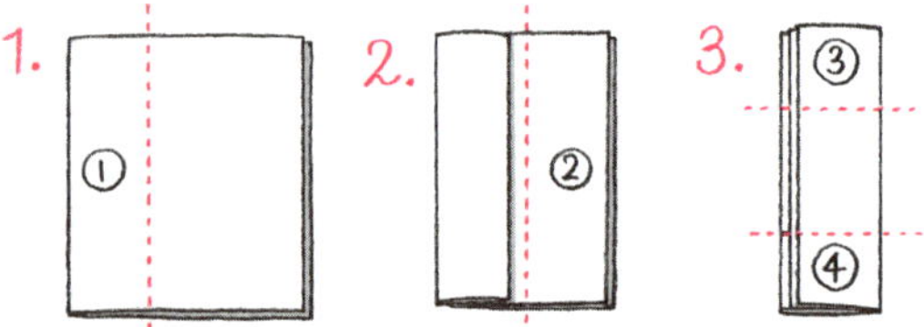

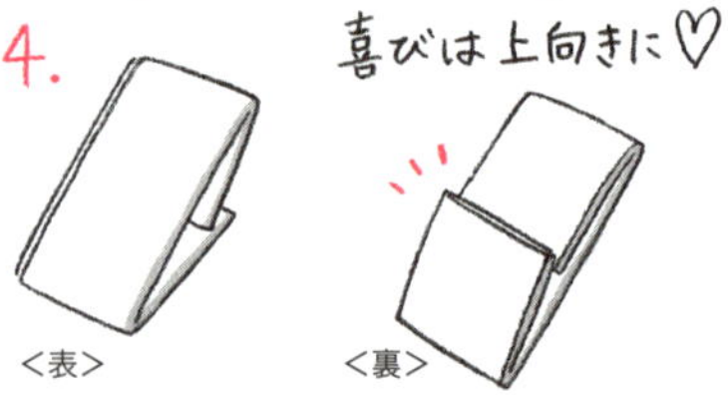

【上包みの折り方】
左→右→上→下の順に折ります。裏面の重ねは下側の折り返しが上にきます。

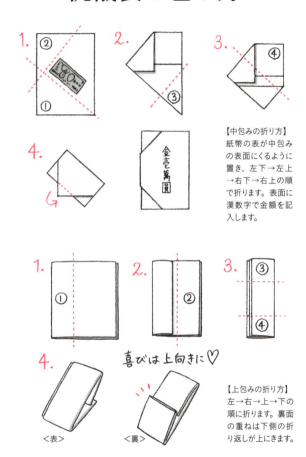

お祝いの気持ちを表現するひとつにご祝儀があります。このときに祝儀袋を使用します。祝儀袋は、基本は白地に紅白の水引とのしがかけられています。結婚式では、水引は奇数の5本を倍にした10本結びの「夫婦水引」や「二重陽結び」にして豪華さを表します。この10本は、陰数である偶数として捉えるのでなく、「夫婦は2人で1組」や「十分に満ちたりている」という意味合いを持っています。

お祝い金には新券を用意し、紙幣の表面が中包みの表に向くように、また、人物も上にくるように包みます。中包みの表に、金額を漢数字で「金壱萬圓」などと書きます。中包みは、さらに上包みに包みます。上包みの折り方は、慶事では「幸せが上向きに」という意味を込めて、下側の折り返しを最後にして上を向かせます。また「喜(慶)びが重なるように」との意味を込めて、2枚以上の紙を重ねてある上包みがよいとされています。ただし、最近の市販のものは、ほとんど1枚で折られています。最後に水引をかけるときの折り返しの向きを間違えないようにしましょう。

祝儀袋は必ず、袱紗《ふくさ》に包んで持参します。袱紗の種類には、「風呂敷の小型版」、その袱紗の上に金包袋をのせるための敷台がついた「台つき袱紗」や、もともと2つ折になっていて、金包袋を挟むだけの簡易的な「挟み袱紗」、そして横から差し入れるだけの「差し込みふくさ」があります。台つき袱紗は、敷台がついているので金包袋がシワにならず便利です。慶弔いずれにも使用可能な紫色のもので、敷台も片面が慶事用の赤、もう片面が弔事用のグレーとなっているものもあり、1つの袱紗が幅広く活躍してくれます。

結婚祝いの品

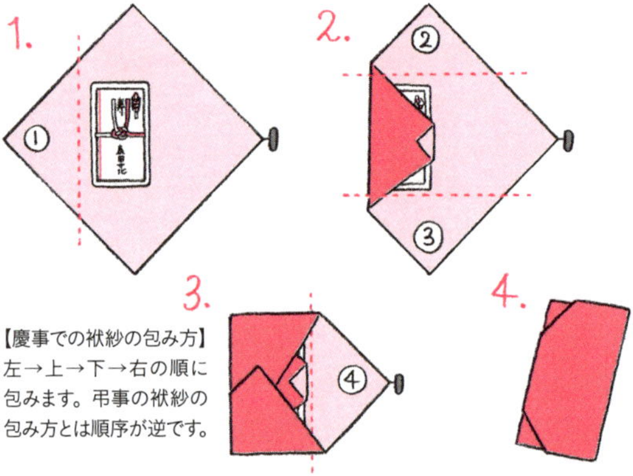

【慶事での袱紗の包み方】
左→上→下→右の順に包みます。弔事の袱紗の包み方とは順序が逆です。

【祝儀袋の渡し方】
袱紗から取り出したら時計回りにまわし、正面を相手側に向け、両手で差し出します。

結婚祝いの品は、相手が希望しない限り、刃物や割れやすいものは「切れる」「壊れる」を連想させるので避けます。ただし、包丁など実用的なものを相手が希望する場合は、「本来贈るべきではないものですが…」「幸せな人生を切り開いて…」などとメッセージを添えればOKです。品物をセットで贈る場合は2で割りきれる偶数は避けます。ただし、1ダースや1ペアは1組と考えるので、贈っても大丈夫です。何を贈ってよいのか迷ったら、相手の要望を伺うのがベストです。会社の同僚や友人同士でお金を出し合う贈り物もおススメです。

お祝いの品は、正式には直接持参するものですが、結婚式の当日に持参すると先方の荷物になるので結婚式の1週間前ぐらい前までに届くように送ります。その場合、必ずお祝いの手紙を同封するか、贈り物とは別便で書状を送ります。結婚したことを披露宴後に知ったときなどは、相手との関係性に応じて、お祝いの品を贈ってもかまいません。あなたの相手に対するお祝いの気持ちを伝えましょう。

お祝い金は、以前は結婚式の1週間ぐらい前に、直接自宅を訪れてお渡しするのが礼儀でしたが、現在は披露宴当日に、受付で渡すのが一般的となっています。

結婚式の受付で渡すときは、お祝いの言葉を述べたあとに、袱紗《ふくさ》に包んだご祝儀袋を袱紗から取り出し、両手で差し出します。渡す際は、ご祝儀袋の文字を受付の方が読めるように向きを整えて、「このたびは、おめでとうございます」と伝えて渡します。その他「おめでとうございます。お祝いの気持ちです」などと伝えても良いですね。

8 お祝いのマナー

結婚披露宴出席のマナー

ヘアスタイルはプロにお任せしましょう♪

メイクもネイルも上品かつ華やかに♪

香水のつけ過ぎはNG!
足元やハンカチにひと振り。

新婦と同じ、白系統のドレスは
避けましょう。

当日は、挙式や披露宴の30分前には会場に到着するように心がけましょう。受付で挨拶をし、お祝い金を渡します。やむを得ず遅刻をする場合は、事前に会場へ連絡を入れておくと、関係者に伝えてもらえます。到着したときは、会場係の人が誘導してくれるまで待って、会場に勝手に入らないように気をつけましょう。

当日の装いの基本は、新婦と同じ白系統の服装は避けたほうがよいでしょう。主役はあくまでも花嫁であることを念頭に、新婦を引き立てる鮮やかなパーティドレスなどで宴を盛り上げます。

メイクやネイルは当日着て行くドレスや会場の明るさにあわせて、普段より少し華やかなメイクやネイルでもお祝いの気持ちを表現しましょう。結婚式や披露宴に招かれたときは、主役の新郎、新婦のお祝いを華やかにひきたてる役割も担っています。お肌のトラブルなど健康的な事情がない以外は、ノーメイクではなく、お祝いの気持ちを表すメイクをします。

香水は、人によって好き嫌いがあるので、控えたほうが良いでしょう。どうしても、という人は足元やハンカチにひと振りすると上品です。

ヘアスタイルは美容院にお願いしましょう。プロの手が入った髪形は、華やかで気持ちの良いものです。結婚式がホテルで行われるのであれば、そのホテルの美容室でメイクや着物の着付けもお願いできれば移動の心配もなく安心です。結婚式は大安などのおめでたい日に重なりやすいので、早めに予約を入れておくと安心です。

8 お祝いのマナー

お祝いの場にふさわしい装い

【夜の装い】
肌を出すほどフォーマル感up！ドレスは光沢のあるシルクやサテンなどの光る素材のものを着用し、アクセサリーも同様に輝きのある華やかなものにしましょう。

【昼の装い】
肌の露出は少なくし、光沢をおさえたシルクや上質のウール素材などのドレスにします。アクセサリー類は、キラキラと光るもの避けます。パールは上品でおススメです。

NG!

フォーマルな席でのサンダル、ミュールは避けましょう

招待状に「平服にてご出席ください」と書かれていたときは、迷わず略礼服で出席します。平服とは普段着やカジュアルな服装を指すのではなく、略礼装《りゃくれいそう》のことです。これは正礼装《せいれいそう》、

準礼装《じゅんれいそう》に次ぐ服装で、親族以外で参列する挙式や、披露宴の際に着用します。

昼間の礼装は、肌を見せず、光沢のない素材を選びます。また、正礼装では無地が正式となりますが、準礼装や略礼装の場合は柄物でも問題ありません。長袖で、光らないシルクや上質ウール素材のドレスであれば問題ありません。アクセサリー類も光を反射しないパールやコサージュがよいとされます。帽子をかぶる場合は、ドレスに合ったものを選びます。女性の帽子はアクセサリーのひとつと考えられているので、室内着用もOKです。

夜は肌を出すほどフォーマル感が増します。ドレスはサテンなどの光る素材、アクセサリーもキラキラと輝きを放つものを選び、華やかさを演出しましょう。ただし、あくまでも主役は新婦であることを忘れずに。

靴は、服装に合わせますが、略礼装といえども、フォーマルな席です。フォーマルな席では、サンダルやミュールはNG。特にミュールは、もともと雨などで靴に泥はねするのを防ぐためのものだったため、靴の格付けの中で低い履物です。したがって、フォーマルな会場へは履いていかないのがマナーです。

披露宴などのおめでたい席には、お祝いの気持ちを装いに表すと考えます。最近ではカジュアルな披露宴も増えていますが、やはり華やかにオシャレをして出席してくれると招いた側は嬉しいもの。心を尽くして相手のために装うのは、自分の気持ちも華やかに晴れやかになります。

9 お悔やみのマナー

訃報を受けたとき

【通夜の服装】

黒や紺、グレーなど、落ち着いた色で統一させたスーツかワンピースがよいでしょう。ストッキングも靴もバッグも黒にします。

仏式の場合

不祝儀袋の表書き

仏式

御霊前（浄土真宗は「御仏前」）・御香料 など

神式

御玉串料・御榊料・御神前・御神饌料《ごしんせんりょう》など

キリスト教式

御花料・御ミサ料（カトリックの場合のみ）

※蓮の花が描かれた袋は、神道、キリスト教では使用しないように。

※宗旨がわからない場合は「御霊前」として良いのですが、浄土真宗、プロテスタントの場合は、使用しないように気をつけましょう。

※日本では、パールかジェットの素材で一連のネックレスとイヤリングをセットでつけることはOKとされています。二連以上のネックレスは不幸が重なることを連想させるためNGといわれています。

遺族より訃報を受けたら、「心よりお悔やみ申し上げます」と伝え、通夜や葬儀の日時と場所、形式、宗旨、宗派などを尋ねます。決定していないときは、決定しだい知らせてもらいます。

通夜とは葬儀の前夜、肉親や親族、親戚や故人と親しかった知人たちで集まり、故人の霊を慰め、静かに故人を偲び、故人とともに最後の夜を過ごす別れの儀式です。そして線香(仏式の場合)やろうそくなどの明かりを絶やさず、一晩中遺体を見守ります。

死亡した日時によっては、友引の葬儀を避けるために、ふた晩にわたって通夜を行うことがあります。その場合は、最初の通夜が近親者だけで行う「仮通夜」、翌日が一般の弔問を受ける「本通夜」といいます。本通夜は夜通し行うものではなく、現在では、午後6時〜7時頃から2時間程度行われる「半通夜」が一般的です。

ただし、これらの考え方や行い方は、宗旨や宗派、習慣により少なからず異なることがあります。その家の事情や土地柄に従いましょう。

通夜へ赴く際には、結婚指輪以外のアクセサリー類はすべてはずします。マニキュアもとって、メイクは片化粧といわれる薄化粧で、長い髪の毛はまとめます。香水はつけないのがマナーです。

突然の訃報を聞いて、勤務先から駆けつける人も多いはず。したがって、通夜の服装は、喪服でなくても大丈夫です。とはいえ、服装の色は、黒や紺、グレーなど、落ち着いた色で統一させたスーツかワンピースで伺います。現代は、通夜でもほとんどが喪服で参列しています。ストッキングも靴もバッグも黒とし、故人や遺族に敬意を表しましょう。

9 お悔やみのマナー

不祝儀袋の包み方

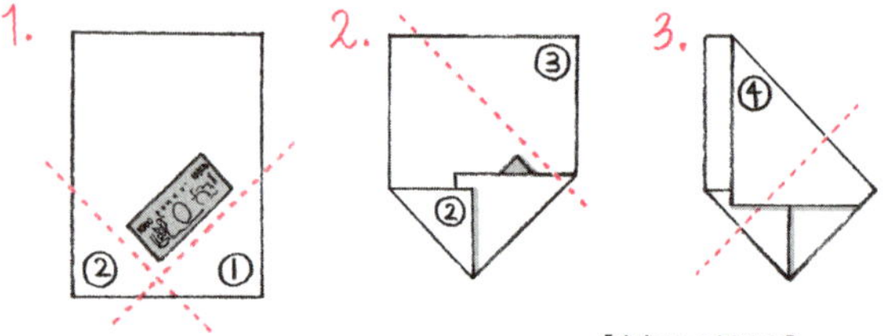

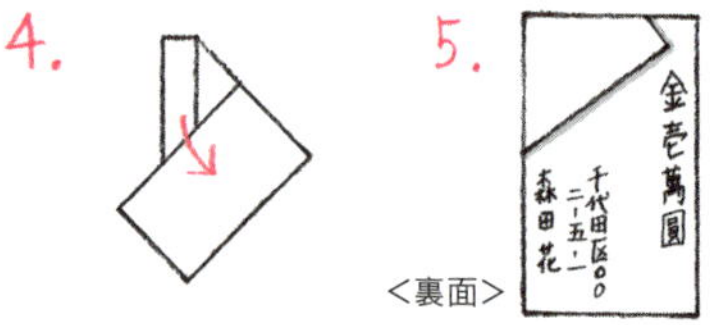

【中包みの折り方】
紙幣の裏が中包みの表面にくるように置き、右下→左下→右上→左上の順で折ります。裏面に漢数字表記の金額と、住所、氏名を記入します。慶事の中包みとは、折り方の順序が逆で、金額は裏面記入であることに注意して下さい。

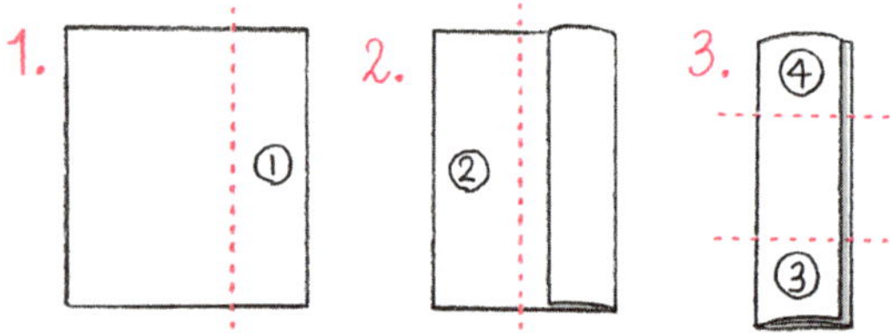

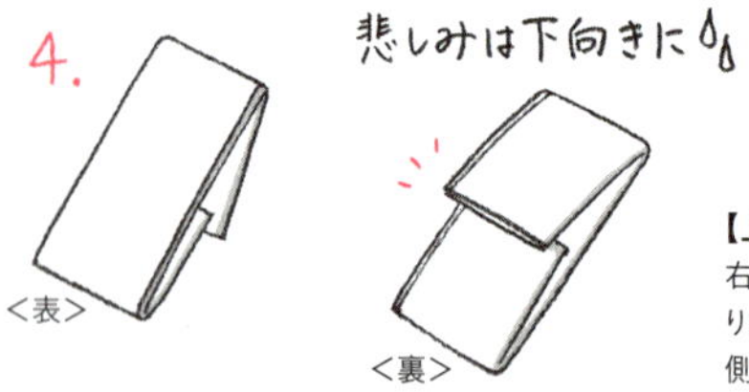

【上包みの折り方】
右→左→下→上の順に折ります。裏面の重ねは上側の折り返しが上にきます。

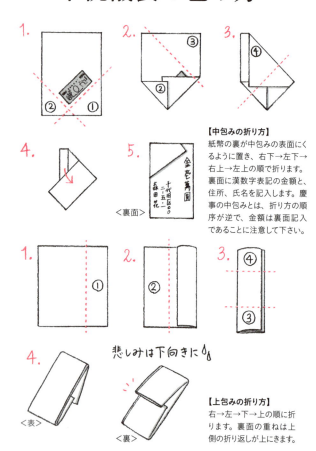

香典は、亡くなった人に香を持っていく仏教の習慣がはじまりとされています。そのため、表書きに「香典」と書くのは仏式のみです。その後、香典は故人に贈るというよりも、通夜や葬儀で何かと負担がかかる遺族に対して「どうぞ故人に捧げるお香をお求め下さい」の意味を込めて贈るお金となり、喪家の経済的負担を軽くするために、親族や知人から喪家に対して贈られる金銭を、一般的に「香典」というようになりました。したがって、香典とは、遺族に対するいたわりの気持ちを包むものです。地方によっては、通夜に供物、葬儀に香典と、2回に分けて贈るところもあります。その家の形式や地域の慣習にならいましょう。

不祝儀袋は「重ねてあってはならない」という意味から、上包みは1枚の紙で折られたものを使います。不祝儀袋は宗旨によって異なるため、訃報を受けたときは、必ず「ご宗旨は何でしょうか?」と伺うようにします。また、表書きや水引も宗旨によって異なりますので、それぞれの宗旨におけるマナーを身につけておきましょう。水引が白黒の結び切りで無地の不祝儀袋であれば、宗旨に関係なく使えます。ただし、印刷された水引は略式ですので、親族や親しい間柄の人の葬儀には使わないほうが無難です。

不祝儀袋の折り方は、右から左へ、左から右へと折り、裏は下から上へ、最後に悲しみは下向きという意味を込めて上から下へと折って、水引をかけます。中包みに入れる紙幣は、新券でないもので、中包みの表面に紙幣の裏面を、さらに人物が下向きになるようにいれます。中包みの表には何も書かず、裏に住所と名前と金額を書きます。

受付でのマナー

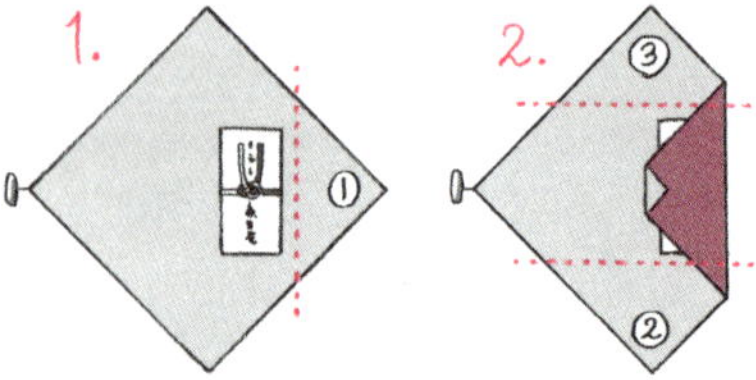

急なことで、ふくさの準備がない場合は、地味な色の小風呂敷か、白いハンカチで代用してもOK。

【弔事で袱紗の包み方】
右→下→上→左の順に包みます。慶事の袱紗の包み方とは順序が逆です。

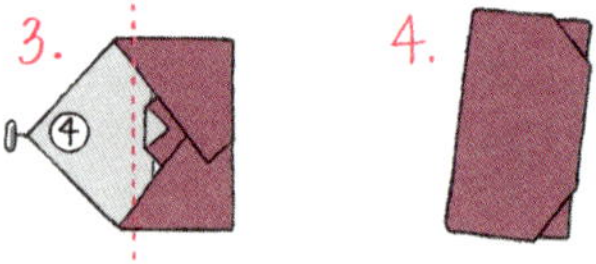

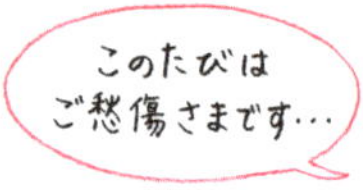

お悔やみの言葉は手短に。

【通夜などに参列できない…】
まず弔電を打ち香典を郵送します。無地の白い便せんと無地の白い一重の封筒を使ってお悔やみの言葉を添えましょう。

香典は、必ず袱紗《ふくさ》に包んで持参しましょう。近年では、台付きふくさや、挟みふくさ、差し込みふくさなど、簡易なふくさも便利です。ただし、慶事と弔事の包み方の手順を間違わないように要注意です。

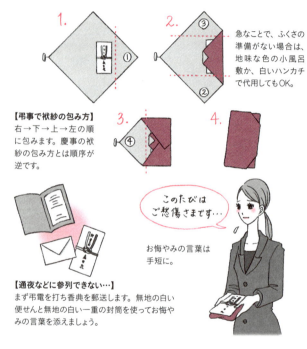

受付では一礼をし、「このたびはご愁傷さまです」など、手短にお悔やみの言葉を述べてから記帳をします。通夜に出席している場合でも、再度記帳します。次に袱紗に包んだ不祝儀袋を取り出し、表書きが相手の正面に向くよう両手で差し出し、「お供えください」とひと言添えて渡します。受付が設けられていない場合は、祭壇のある部屋まで進み、遺族にお悔やみを述べてから焼香などの前に、表書きを祭壇に向けて供えます。祭壇がない場合は、喪主か遺族に表書きが正面に向くように両手で差し出し、直接手渡しをします。

上司の代理で参列する場合は、受付の芳名帳に上司の名前を書き、その左下に「代」と書いたら、続いてその下に小さく自分の名前をフルネームで書きます。また、必ず上司から名刺を預かり、上司の名刺の右上に「弔」と書き、不祝儀袋と一緒に渡します。代理人の名刺を求められたら、自分の名刺の右上に「代」と書いたものをお渡しします。夫の代理で参列するときの記帳は、夫の名前を書き、その左下に小さく「内」と書きます。自分の名前は書きません。不祝儀袋にも、夫の名前だけを書きます。ただし、自分も関係のある人の場合は、夫と相談の上、連名にしても構いません。

やむを得ない事情で通夜や葬儀、告別式に参列できないときは、弔電を打ったあとに、不祝儀を郵送します。郵送するときは、手渡しするときと同様、不祝儀袋を用います。金銭を中包みに入れて、上包みをし、表書きを薄墨で書き、現金書留封筒に入れて出します。その際、無地の白い便せんと無地の白い一重の封筒を使って、必ずお悔やみの手紙を添えましょう。

お焼香のしかた

【立礼焼香のしかた】

1. 焼香台の前まで進み、祭壇に向かって一礼し合掌。
2. 抹香を右手の親指と人差し指、中指でつまみます。
3. 額の高さまで上げ(押しいただき)、香炉に静かに落とします。

焼香を3回行う場合は、香炉に抹香を3分の1ずつ落とします。

※宗派によって、香を押しいただく、押しいただかない場合があります。
また、焼香の回数も宗派によって異なります。

焼香とは、仏式の通夜や葬儀などで参列者が仏前で香をたくことです。仏や死者へ敬虔な気持ちを表す行為なので、参列者は必ず行います。焼香には次の４種類があります。

■立礼焼香：順番がきたら後ろの人に会釈し、焼香台の手前で遺族と僧侶に一礼します。その後、焼香台の前まで進み、祭壇に向かって一礼し合掌。抹香を右手の親指と人差し指、中指でつまみ、額の高さで上げ(押しいただき)、香炉に静かに落とします。焼香を3回行う場合は、香炉に抹香を３分の１ずつ落とします。最後に遺影を仰いで合掌し、１歩下がって遺影に一礼。もう１歩下がり、遺族と僧侶に一礼します。

■座礼焼香：順番がきたら「お先に失礼いたします」の気持ちで後ろの人に会釈をし、中腰で静かに前に進み、遺族と僧侶の前でいったん正座をして一礼します。その後祭壇に向き直り、遺影に一礼してから、にじるように座布団に座り合掌。抹香を１～3回、押しいただきます。焼香が終わったら合掌し、座布団からにじり降りて遺影に一礼。遺族と僧侶に一礼します。

■回し焼香：香炉と抹香をのせた盆がまわってきたら、次の人に対して一礼します。香炉を自分の正面に置き、祭壇に向かって軽く会釈。抹香を1～3回、押しいただきます。焼香が終わったら祭壇に向かって合掌。一礼してから両手で盆を持ち、次の人にまわします。

■線香焼香：祭壇の前に進んで遺族と僧侶に一礼し、次に遺影に一礼して線香を1本、右手で取ります。ろうそくの火で線香に火をつけ、手であおって火を消します。線香を香炉に立ててから合掌し、遺影に一礼。次に遺族と僧侶に一礼します。

9 お悔やみのマナー

玉串奉奠・献花のしかた

【玉串奉奠】

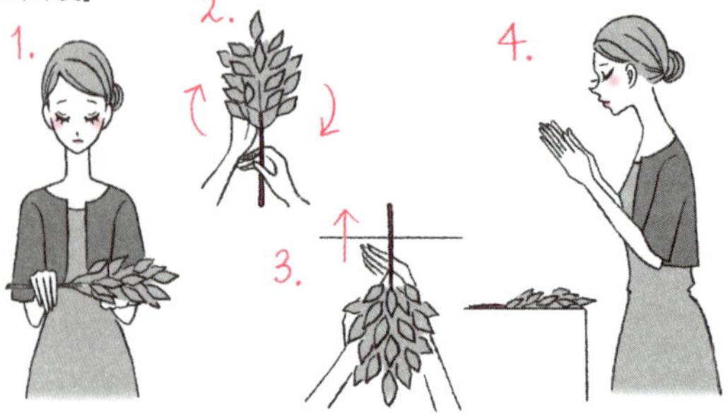

【献　花】

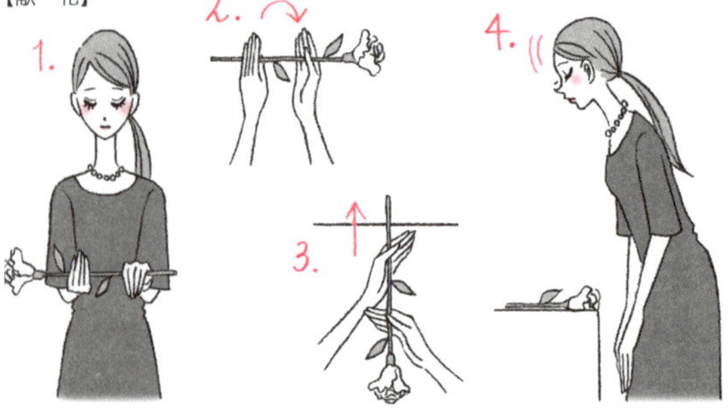

仏式の焼香に当たるのが、神式の玉串奉奠《たまぐしほうてん》、キリスト教や無宗教の献花です。

■玉串の捧げ方

1. 祭壇のほうへ進み、遺族に一礼。玉串（榊などの枝に飾りをつけたもの）は、右手で上から玉串の根元をもち、左手は、下から支え持ち、神主などから受け取ります。このとき、腰より下の位置で受け取らないように。胸の位置で受け取ります。

2. 玉串案(玉串を置く台)の前に進み、祭壇に向かって一礼。
3. 右手にある根元を右回りに90度まわし、右手が自分の胸の前にくるようにして、玉串を立てるように持ちます。このとき右手は、自然と下から持つ形となります。
4. つぎに、左手を右手の下、根元から支え持つように持ち替え、右手は、枝先へと移動させ、下から支えます。
5. 根元が祭壇に向くように右回りに180度まわします。そのまま、玉串案の上に供えます。
6. 「二礼二拍手一礼」(礼を2回、忍び手〔音をたてずに拍手〕を2回、礼を1回)して、1歩下がり、祭壇に向かって一礼。つづいて、2、3歩下がり、遺族に一礼して席に戻ります。

■献花のしかた

献花には、菊やカーネーションなど、茎の長い白い花が用いられます。花を差し出されたら、花が右にくるように受け取り、右手は下から手のひらに茎をのせ、左手は茎の上から軽く添えます。棺の前に進み、まず祭壇に一礼。そして、右回りに花をまわして、茎のほうが祭壇に向くようにします。

献花台に花を捧げたら、一歩下がり祭壇に向かって故人との別れを惜しみ、黙祷もしくは深く一礼します。黙祷は、カトリックは十字架を切り、プロテスタントは胸の前で手を組みます。信者以外はふつうに手を合わせます。最後に2、3歩下がり、牧師(神父)、遺族に一礼し、席に戻ります。

風呂敷の使い方

【風呂敷の結び方】

●ま結び
もっとも一般的な結び方です。形を整えてから最後にぎゅっと結びます。

●蝶結び
結びが蝶の形になる結び方です。一方の端を引っ張れば簡単に解けます。

【風呂敷の包み方】

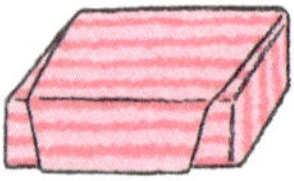

●平包み
風呂敷の代表的な包み方のひとつで、結び目をつくらずに品物を包みます。

●お使い包み
四角いものを包むときのもっとも一般的な包み方です。結び目はま結びにします。

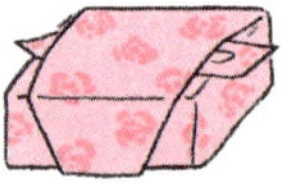

●隠し包み
お使い包みの変形。結び目を内側に隠してしまうことで、より上品に仕上がります。

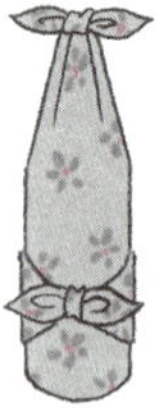

●びん包み
一升瓶やワインボトルなど、縦に長い円筒形をした瓶の包み方です。

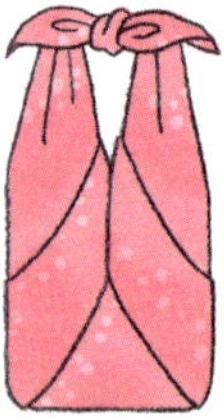

●2本包み
2本の瓶類を包むときに用います。手で持つことも肩にかけることもできます。

●すいか包み
すいかなどの球状の品物に適した包み方。結び目が解けないように、結びましょう。

●巻き包み
茶筒や丸筒など、円筒形の品物の包み方。
結び目はしっかりとま結びにします。

風呂敷は日本が誇る生活文化のひとつで、主に物を包んで持ち運ぶときに用いられます。品物にあわせた美しい包み方がさまざまあり、包装紙のように使い捨てることがないので、環境に優しく、現代社会にマッチした伝統の品といえます。ちなみに、風呂敷には「チリよけ」の意味もあり、贈り物であっても、風呂敷に包んだものはテーブルの上には置かないのがマナーとされているので、覚えておきましょう。

風呂敷で品物を包む際に、1か所だけ結び目を作るのを「一つ結び」、重い物をしっかり包むのに2か所結ぶのを「二つ結び」といいます。包む品物の形や重さ、持ち歩く距離に合わせて使い分けましょう。

結び方にも風呂敷ならではの美しい方法があります。「ま結び」は、風呂敷を結ぶときのもっとも一般的な結び方です。左右の端の絡め方が逆になると、下の結び目に対して上が縦になる「たて結び」になってしまいます。たて結びは不格好な上に解けやすいので、必ずま結びになるよう結び直しましょう。「蝶結び」は、その名のとおり、結びが蝶の形になる結び方です。一方の端を引っ張れば簡単に解けるので、品物を取り出すときに手間取ることもありません。

風呂敷はさまざまな包み方があります。包む品物に合わせて使い分けられるようにしておくと便利です。また、同じ包み方でも、慶事か弔事かで違いがあります。慶事包みは「右包み」とされ、包む品の正面に対して、右側の端が一番上になるようにします。弔事包みは逆の「左包み」とされ、左側が上になるように包みます。

10 贈り物のマナー

お中元とお歳暮

【お中元・お歳暮ののし紙は…】
水引は赤白の蝶結びの水引に、のしの付いたものを使います。

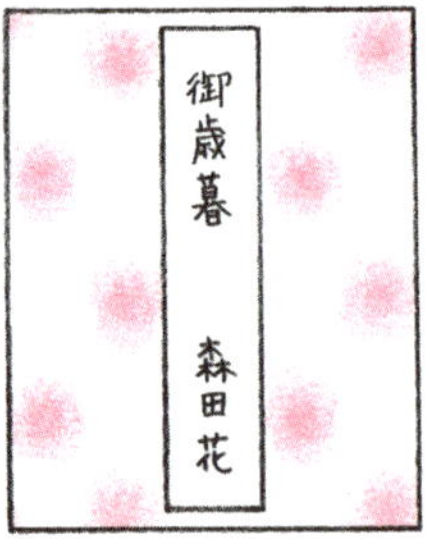

【当方、相手が喪中のときは…】
のしや水引は用いず、白無地の短冊、白無地の奉書紙に表書きをします。

【別便で送る書状】
日頃の感謝を込めたお礼文のあと、最後に「別便にて心ばかりの品をお贈りしました。ご笑納いただければ幸いです」などのひと言を添えます。

【お返しは…】
お中元やお歳暮は「お世話になった方へのお礼」であり、お祝いではありません。したがって、いただいてもお返しの品は必要ありません。

お中元やお歳暮は、日頃お世話になっている方々にお礼や感謝の気持ちを込めて贈ります。贈る時期は、地域などに応じて異なります。

関東のお中元は7月初旬から7月15日までに贈るのが一般的です。しかし関西地方では、7月16日から7月末までに、関西より西や九州・東北などでは8月初旬から15日までに贈る地域もあります。

お歳暮は、お正月の準備を始める12月初旬から12月25日頃までに贈るとよいでしょう。関東では12月15日までに贈るとされており、。関西地方や関西以西の地域などでは12月15日から12月25日頃までに贈ることが多いです。ただし、お正月に召し上がっていただきたいという気持ちから生ものを贈る場合は、お正月直前に贈ってもよいでしょう。その場合は、相手が留守にしていないか、などを事前に確認します。大切なことは、贈る相手の地域の風習を知っておき、その地方、地域、家族の意向に合わせた贈り方をすることです。

もし、お中元の時期を逃してしまったら、8月初旬の立秋(8月7日頃)までであれば「暑中御伺い」、立秋以降は「残暑御見舞」として8月中に贈ります。お歳暮を贈るタイミングを逃した場合は、関東地方は年明けの1月7日の松の内までに、関西地方は1月15日までに「御年賀」として贈ります。さらに遅れた場合は、立春までに「寒中御見舞」として贈ります。

お中元やお歳暮は、本来はお贈りする相手宅に直接訪問して、お渡しするのが原則です。しかし、何かと忙しい時期なので、郵送や宅配などで届けてもかまいません。その場合、品物に感謝を伝える添え状を同封するか、書状を別便で送るなどの配慮をしましょう。あなたの気持ちを言葉で伝えてこそ、品物に心が通うのです。お礼状は3日以内に出しましょう。

10 贈り物のマナー

出産祝い

【出産祝い】

【お返しは…】
お祝いをいただいた1カ月以内を目安に、お返しを贈ります。赤ちゃんが健やかに育っている報告とお礼の言葉を添えましょう。

出産祝いは、赤ちゃんが生まれて7日目の「お七夜」が過ぎてから、生後約1か月のお宮参りまでをめどに贈ります。産後は母子ともに安静が必要なので、身内以外のお見舞いは控えます。早くお祝いを伝えたい場合は、電話で先方のご家族に伝えるか、祝電やお祝いの手紙を送りましょう。お祝いを手渡しする場合は、体調の安定しはじめる産後1週間ぐらい、もしくは退院後の落ち着いた頃に伺いましょう。

品物は、ベビー服やベビー用品を贈るのが一般的です。ただし、生まれてすぐ使うものは、すでに準備をしていると思うので、半年から1年後に使えるものを贈るケースが多いです。それでも、すぐに使ってもらいたい、と思うときは、ベビー用のガウン兼用のバスタオルや下着、ガーゼ、オムツやオムツカバーなどの消耗品が喜ばれます。なお、これらは親の好みもありますので、商品券を贈るのもよいでしょう。

また、欧米の習慣にならって、幸せのシンボルの銀のスプーンや赤ちゃんの名前と誕生日を彫った写真立てや、大人になったらペンダントヘッドとしても使用できるベビーリングなどもオシャレな贈り物です。さらに、赤ちゃんのものに限らず、がんばったお母さん向けに、マザーズバッグや家族の写真を入れることのできるペンダントヘッドなども喜ばれるでしょうし、家族でお祝いをするときのシャンパンや紅白のワインなどを贈るのも素敵です。

お祝いの品物にかける水引は、紅白の蝶結びを選び、表書きは「御出産御祝」「御祝」などとします。送る場合は、お祝いのメッセージを添えて贈りましょう。

10 贈り物のマナー

新築祝い

【新築パーティに招かれたら…】
新築祝いの品は、相手の立場にたって贈るのがマナーです。

【避けたほうがよい贈り物】
火に関わるものは控えます。

新築披露に招待していない人からお祝いをいただいた場合は、お祝いの3分の1から半額程度を目安にお返しをします。表書きは「内祝」「新築内祝」にします。

引越し祝いや新築祝いなど、家に関係するお祝いの贈り物をするときは、火事を連想させる「火」に関わる品物はタブーとされています。キャンドルやライター、灰皿などが代表的で、相手が望まない限りは避けたほうがよいでしょう。

新築披露に招かれたら、新築祝いを、その招待日の前日までに届くように贈ります。間に合わない場合は当日持参してもかまいませんし、新居を拝見したあとに贈ってもよいです。新築祝いの品は、家の雰囲気や住む人の趣味やセンスなど、相手の立場にたって贈るのがマナー。できることなら、相手の希望を伺って贈るほうが、双方に喜びが増すでしょう。

新築祝いには、物がたくさん入ることを意味する入れ物や、その場所にしっかりと根づくようにとの願いを込めて植木を贈ることもよいとされています。それらにならって花瓶や実のなる花、お庭のある家では実のなる苗木、インテリアに合った鉢植えなどもよいでしょう。その他、新居で実際に使われる実用品や相手の趣味に合わせた写真立てなどのインテリア用品なども人気です。また、新住所や、名前入りのレターセットなども贈り手のセンスが感じられ、喜んでいただけるギフトです。

水引は紅白の蝶結びなどおめでたいものを選び、表書きは「新築御祝」「祝御新築」などにします。新築祝いは、お祝いの品を贈るだけではなく、新居を拝見するのが礼儀といわれていますが、招待をされていないのに、こちらからおしかけるようなことは控えましょう。

新築祝いの場合は、新築披露に招待をしておもてなしをすることがお返しですので、改めてのお返しは不要です。

10 贈り物のマナー

お見舞い

【お見舞いには…】

アレンジメント

花と花瓶

音楽や本

現金

【お返しには…】

快気祝いは、「半返し」を目安に選びます。会社関係者には、職場で皆で食べられる個装されたお菓子など。個人のご自宅には、タオルや洗剤などの実用品が喜ばれます。

タオルセット、お菓子 など

洗剤、石けん

　お見舞いに花を持っていく場合は、ユリなどの香りの強い花や、はでな色の花は避けます。また、「寝つく」という意味

で鉢植えや、「葬儀」を連想させる菊、「血」を連想させる真っ赤な花、芥子《けし》、色が褪せる紫陽花《あじさい》、「死」「苦」に通じるシクラメン、花が首から落ちる「椿」などは、縁起が悪いとされています。また、大きな花束は場所をとりますし、相手に水換えの手間などをかけさせてしまうので控えます。お花を贈りたいときは、オアシスを使用したアレンジメントが喜ばれます。お花屋さんで「お見舞い用に」とひと言告げて、それにふさわしいお花でつくってもらいましょう。

また、癒されるかわいらしい花を1本〜3本選んで、それを入れる小さな花瓶と一緒に贈るのも気が利いています。花の本数は、「4」「9」などの不吉とされる本数を贈るのはタブーです。

果物やお菓子などの食べ物は、事前に食事制限などがないか確認してから持っていきます。その他、病室で電話をかけられないことからテレフォンカードや、相手の好む本や興味のある雑誌、タオルなどの実用品も喜ばれます。また、現金を贈ってもかまいませんが、一般的に目上の人に現金を贈るのは失礼とされています。贈るときには、多くのお店で使用できる商品券などが無難でしょう。しかし、これらは人によって受け取り方がさまざまです。「何がよいか迷いましたが、お見舞いの品の代わりに」といった言葉や手紙を添えるとあなたの気持ちが伝わるでしょう。また、友人などの相手によっては、かわいいオシャレなお見舞い袋にいれてもOK。いずれも必ずメッセージを添えるのがマナー美人です。一般的に、お見舞には水引はかけず、表書きは「御見舞」とします。

10 贈り物のマナー

昇進・栄転・退職のお祝い

栄転や昇進は、同じ職場の人と相談してお祝いしましょう。

栄転や昇進祝いの贈り物は、職場のルールや慣習があるので、前例を確認してからお祝いをします。一般的には、部や課で歓送会を開いたり、お祝いや御餞別の品をみんなで贈ります。仲の良い人たちだけで周囲に内緒でお祝いをしたりするのは、職場の人間関係に悪影響を及ぼす可能性もあるので、注意しましょう。また、個人的にお世話になっている人などが栄転をする場合は、全国のお店で使用できるプリペイドカードなどが、荷物にならず喜ばれます。目下の人に現金を贈るのは良いですが、目上の人には控えるほうが無難です。表書きは「祝御栄転」または「御餞別」とします。転勤は、辞令を受けてから赴任するまでの期間が短い場合が多いので、早めに用意をして贈るようにしましょう。このときもお世話になった感謝や、新しい環境での無事を案じる気持ちを手紙やメッセージカードで伝えます。

なお、自分が昇進や栄転したときは、お祝いは家族でごく内輪で行いましょう。社宅などの場合は、何かと感情的な問題が起きる可能性もあるので、まわりに対する配慮を忘れずに。とはいえ、お世話になった上司などには、挨拶に伺うか、手紙や電話で昇進の報告を行うのが本来の礼儀です。

定年や個人の事情による退職の場合も、職場の前例に従います。一般的には部所内で送別会を開いたり、職場全体より「御礼」として花束などを贈ります。この場合の表書きは「御礼」で水引は紅白、または金銀の結び切りとなります。定年退職の場合は、長年勤めた会社を去るのですから、寂しさなど、複雑な気持ちをお持ちかもしれません。「これからもご指導のほど、どうぞよろしくお願い申し上げます」と今後もおつきあいが続くことを願う言葉を贈る心配りを忘れずに。個人の事情による退職の場合は、その事由によっては、とくに何もせず、そっとお別れをする場合もあります。それもひとつのマナーです。

Column

マナーコミュニケーション®

会話には、必ず「相手」が存在します。相手を尊重し、相手の立場にたったマナーある会話ができる人は、人から好かれ、愉しい生活を送ることができます。マナーある会話のことをマナーコミュニケーション(略してマナコミ)といいます。マナーコミュニケーションにおける基本事項は次の3つです。

1. 必ず相手の“名前”を呼ぶ。
2. 相手の立場を思いやるクッション言葉をつける。
3. 命令形は“疑問・質問・伺い形”でお願いする言い方にする。

たとえば、家で「おかわり」とだけ言っていませんか？　相手が家族であっても、「お母さん、おかわりをもらっていい?」とマナコミの法則に従った会話のできる人は、家族以外の人にも同じように接することができ、相手に受け入れてもらえる素敵な女性といえるでしょう。

この他に、人間関係を豊かにしてくれる言葉として、「ありがとう(Thank you)」「ごめんなさい(Sorry)」、そして「お願いします(Please)」があります。これらは、わかっていても、なかなか自分からは言えない言葉ですが、だからこそ自分からすすんで言うことができれば、貴女だけでなく、周りの人もハッピーにすることができます。私が英国で生活をしていたとき、「キュートで素敵な女性が多いな」といつも感じていましたが、それは彼女たちが豊かな表情と言葉、特にいつも“Lovely”というプラスの言葉を連発していたからだと思います。

言葉は「言霊」といわれるように、自分の言葉は自分にかえってきます。マナーコミュニケーションを意識して、相手も自分も、周囲のみんなもハッピーな気持ちにできる女性になりましょう。

おわりに

本書の元の原稿は、2008年の夏がまさに始まろうとする日に書き終え、初秋に出版されました。1ページ1ページのシーンを書きながら「貴女の夏がハッピーな夏となりますように」と願いつつ心をこめて執筆した忘れることのできない作品です。あれから10年のときを経て、今、こうして新たに加筆修正をして本書がさらに磨かれて新たに誕生したことに、言葉では言い表せない感謝と幸せな気持ちで心が充たされています。

女性に限らず、人は皆、愛されて幸せになりたいと思っているはず。そのために、相手を思いやるマナーを意識することで心を磨き、そして、さまざまな場面における礼儀や作法、臨機応変な心配りができる知識や教養を身につけ、それらを知恵として自分の生活と人生に役立てていくのです。

本書では、さまざまなシーンで、一般的にいわれているしきたりや慣習などの「型や形」「方法」などもお伝えしました。しかし、貴女が周囲のひと達から受け入れられ、可愛がられたり、信頼されたり、愛されて幸せな人生をおくるためには、それ以前に相手を敬い、慮る『相手ファースト』の心をもつことが大切です。マナーの型は、知識として身につけておくことは大事なことですが、最も大事なことは、それにとらわれることなく、相手が望み、喜んでくれることを提供し、その結果、貴女自身もプラスを得ることです。真のマナーは、互いがプラス、ハッピーになるために在るのですから。

最後になりましたが、数多いマナー本の中から、本書を生まれ変わらせてくださったマイナビ出版のご担当者および関係者の皆様に、そして、本書を手にしてくださったあなた様に、心から感謝いたします。皆様のご健康とご多幸を心から願っています。

2018年 新春初の満月の日に　西出ひろ子

西出 ひろ子（にしで・ひろこ） *Hiroko Nishide*

マナーコンサルタント。美道家。ヒロコマナーグループ代表。「マナーは互いの幸せのために在る」をモットーに、心重視の真心マナー® を世界に向けて発信し、互いのウインとハッピーを創造するマナーの専門家。
企業における人財育成をはじめ、マナー界初のマナーコンサルタントとして、名だたる企業300社以上のコンサルティングを手がけ、お客様満足度NO.1企業などを生み出すなどの実績多数。NHK大河ドラマや映画などのマナー指導者にも抜擢され、有名女優や俳優、タレントなどへのマナー指導実績NO.1を誇り、その活躍は多くのメディアでも紹介されている。テレビ番組などのメディア出演は700本を超え、マナー評論家としても活躍中。著者の提唱する真心マナーは、人生を好転させる生き方も学べると口コミで拡がり、海外からも東京・南青山のマナーサロンに来校し、師事する受講生も多数。真のマナーを伝えることのできるマナー講師・マナーコンサルタントの後進育成にも注力している。また、日本の伝統文化として希少な技法で製造される、冠婚葬祭用のバッグなどのデザイン、プロデュースなどをおこなうオリジナルブランド『HIROK♥STYLE《ヒロコスタイル》』も人気。著書は、国内外で70冊以上、著者累計100万部を超える。東京で、夫・ラブラドールの愛娘犬（FAB）・トイプードルの愛息犬（KOO）と暮らしている。

ヒロコマナーグループ　http://www.hirokomanner-group.com
西出ひろ子プレミアムマナーサロン　http://www.erh27.com
大人のマナーサロン ファストマナー　http://www.fastmanner.com

マイナビ文庫

知っておきたいマナーの基本

2018年2月28日　初版第1刷発行

著　者　西出ひろ子
発行者　滝口直樹
発行所　株式会社マイナビ出版
〒101-0003 東京都千代田区一ツ橋2-6-3 一ツ橋ビル2F
TEL 0480-38-6872（注文専用ダイヤル）
TEL 03-3556-2731（販売）／TEL 03-3556-2736（編集）
URL http://book.mynavi.jp

カバーデザイン　米谷テツヤ（PASS）
本文・カバーイラスト　熊谷ちひろ

印刷・製本　図書印刷株式会社

ISBN978-4-8399-6543-3　Printed in Japan